人物叢書

新装版

清和天皇《せいわてんのう》

神 谷 正 昌

日本歴史学会編集

吉川弘文館

藤原良房と対面する清和天皇（『伴大納言絵巻』出光美術館蔵）
良房（右）が清涼殿の夜御殿を訪れ，清和天皇（左）を説得する場面．

水 尾 山 陵（京都市右京区，宮内庁書陵部提供）

はしがき

天皇紫宸殿《ししんでん》に御《ぎょ》して事を視《み》る。承和以往《じょうわいおう》、皇帝毎日紫宸殿に御して、政事《まつりごと》を視る。仁寿《にんじゅ》以降、絶えて此の儀無し。是の日、帝初めて政を聴く。当時之《これ》を慶ぶ。

これは、『日本三代実録《にほんさんだいじつろく》』貞観《じょうがん》十三年（八七一）二月十四日条にみえる記事である。「承和以往」すなわち仁明《にんみょう》天皇以前は、天皇は内裏《だいり》正殿の紫宸殿に出御《しゅつぎょ》して政治を視ていたが、次の文徳《もんとく》天皇の「仁寿以降」はそうしたことは途絶えていた。そしてこの日、清和天皇が初めて紫宸殿に出御して聴政《ちょうせい》を行い、皆これを慶んだというのである。清和天皇はこの時二十二歳（本書では数え年で記載する）で、即位してから十三年が経過していた。それまで、清和天皇が自ら執政していなかったことを象徴する事例である。

平安時代の政治形態は摂関《せっかん》政治といわれる。元服《げんぷく》前の幼少の天皇（幼帝《ようてい》）が即位すると外戚《がいせき》の藤原氏《ふじわらし》が摂政《せっしょう》となり、天皇が成人した後は関白《かんぱく》となって、天皇に代わって政治を行うというものである。かつて、摂関政治とは里内裏《さとだいり》における政所《まんどころ》政治であるとされていたことがある。それは、天皇の后妃《こうひ》の御産は、内裏を出て実家に戻ってなされ、生まれた皇子《おうじ》はそこで養育されたため、その皇子が幼少のうちに即位すると実家の私邸が里内裏となり、母后《ぼこう》の父親である外祖父《がいそふ》や兄弟である外伯叔父《がいはくしゅくふ》が政治の実権を持ち、摂政・関白となってその政所で国政を私《わたくし》していたというものである。実際には、里内裏は摂関家の私邸だったわけではなく、その政所で国政が行われていたこともないので、このような見方は現在では否定されている。しかし、幼帝を代行する摂政や成人天皇を補佐する関白が、他の臣下に超越して政治に多大な影響力を行使したことは事実であり、外戚としてその地位を独占していたのが藤原氏の北家《ほっけ》である。

そのなかで、清和天皇は九歳で即位した最初の幼帝である。そして、外祖父の藤原良房《よしふさ》は人臣として初めて太政大臣《だいじょうだいじん》、さらには摂政に任じられた。したがって、摂関政治はまさに清和天皇と良房において始まったのである。さて、摂関政治といえば、幼帝の母后の父である外祖父が摂政となるのが典型的な例と捉える向きが多い。ところが、外祖父が幼帝の摂政となったのは、良房を含めて、一条《いちじょう》天皇の摂政となった藤原兼家《かねいえ》、そして摂関政治の全盛期を築いたとされる藤原道長《みちなが》が後一条《ごいちじょう》天皇の摂政となったわずか三例しかなく、あとはすべて天皇の外伯叔父が摂政・関白となっている。そもそも、現在のように寿命が長くはない平安時代においては、孫である幼帝が即位するまで外祖父が存命であることは稀であり、外祖父で摂政というのは実は稀有な例なのである。こうしてみると、摂政の初例となる良房と清和天皇との関係が、後世のイメージを作ったといえるのではなかろうか。

清和天皇の在位は、天安《てんあん》二年（八五八）から貞観十八年まで、十八年に及んでいる。これは、平安時代の天皇三十三人の平均在位期間約十三年に比べると長い方であるが、貞観十四年まで良房が生きており、その治世の大半は良房の主導のもとに政治が行われた。その間、貞観八年には有名な応天門《おうてんもん》の変が起きており、大納言《だいなごん》伴善男《とものよしお》が流罪に処されている。これも以前は、藤原氏が敵対する氏族を陥れることによって権力を掌握していったとする陰謀史観が主流を占めていた時期があり、応天門の変も他氏排斥事件の一つと考えられてきた。しかし、これもまた、結果的に藤原氏がいくつかの政変を経て権力を集中していったことから結論づけられた見解であり、今日では多分に疑問視されている。

このように、近年ではかつての藤原氏を中心とした摂関政治の見方が修正され、むしろ摂政・関白は天皇制を補完するものなど、新たな摂関政治像が提示されるようになってきた。それでは、その始まりとされる清和天皇の時代には、実際にどのような出来事が起き、どのような政治が行われていたのだろうか。本書では、そのことを跡づけていきたい。

清和天皇の時代を記した基本的史料は『日本三代実録』である。これは、『日本書紀《にほんしょき》』に始まる六国史《りっこくし》の最後に作成されたもので、清和天皇・陽成《ようぜい》天皇・光孝《こうこう》天皇の三代の天皇の事蹟が記されている。六国史は中国の正史に倣《なら》った朝廷の正式な歴史書で、この後も国史の編纂作業は続けられたが完成されたものはなく、『日本三代実録』が最後の国史となった。全五十巻と六国史のなかでは最も大部で、そのなかでも、清和天皇の在位十八年は、陽成天皇の八年、光孝天皇の四年に比べて長く、二十九巻と全体の約五分の三の分量を占めている。ただし、現在伝わっている『日本三代実録』の写本は省略されたり、散逸している部分もある。その欠についていては『類聚国史《るいじゅこくし》』などの記載によってある程度補うことができ、『新訂増補国史大系』（吉川弘文館刊）にはそのような形で収録されている。本書は、特に断らない限り、この『日本三代実録』をもとに叙述していく。

なお、清和天皇は清和源氏《げんじ》の祖先であることでも知られる。清和源氏は桓武平氏《かんむへいし》と並ぶ武家の棟梁《とうりょう》で、鎌倉幕府を開いた源頼朝《みなもとのよりとも》はその後裔《こうえい》として有名である。それについても最後に触れたい。

二〇一九年十一月

神谷正昌

目次

口絵

挿図

挿表

第一　誕生と立太子

一　誕　生

東京一条第で誕生

清和天皇は、嘉祥《かしょう》三年（八五〇）三月二十五日、外祖父《がいそふ》の右大臣藤原良房《うだいじんふじわらのよしふさ》の東京一条第《ひがしのきょういちじょうてい》において誕生した。東京一条第とは、平安京の左京《さきょう》一条三坊十四町に位置した邸宅である。藤原氏北家《ほっけ》の祖である藤原房前《ふささき》の孫で、平安初期に桓武《かんむ》天皇によって抜擢され、続く平城《へいぜい》天皇治世に右大臣になった藤原内麻呂《うちまろ》が東京一条第を購入し、子の藤原冬嗣《ふゆつぐ》に与えたという。そして良房は、父の冬嗣から東京一条第を伝えられ、そこを居所とした。その後は藤原基経《もとつね》・藤原忠平《ただひら》と藤原氏北家の嫡流に受け継がれていくが、忠平の後は嫡流を外れ、子の藤原師尹《もろまさ》、孫の藤原済時《なりとき》に伝領された。さらに三条《さんじょう》天皇と済時の娘娍子《せいし》との間に生まれた皇子《おうじ》で、一時、皇太子に立てられたこともある敦明親王《あつあきらしんのう》の御所となっている。すぐ東側に位置した東一条第と区別するため、小一条《こいちじょう》第と呼ばれ

東京一条第（小一条第）と染殿，冷泉院の位置

（古代学協会・古代学研究所編『平安京提要』角川書店，1994年，180頁の図を一部改変）

るようになったといい、敦明親王が小一条院と称されたのはそのためである。

ところで、清和天皇に至るまでの皇位継承はどのように推移してきたのか、はじめにそれを概観しておきたい。

皇位継承の推移

王権の世襲を確立したのは、六世紀の欽明《きんめい》天皇といわれている（大平聡「世襲王権の成立」）。欽明天皇の死後、皇位はいずれもその皇子女である敏達《びだつ》天皇・用明《ようめい》天皇・崇峻《すしゅん》天皇・推古《すいこ》天皇の兄弟妹間で継承された。その後は、ともに有力な皇位継承候補者であった敏達天皇の皇子の押坂彦人大兄《おしさかのひこひとのおおえ》と、用明天皇の皇子の厩戸《うまやと》皇子（聖徳太子《しょうとくたいし》）が推古天皇よりも先に死去したため、押坂彦人大兄の子の舒明《じょめい》天皇と、厩戸皇子の子の山背大兄《やましろのおおえ》という欽明天皇の曽孫の世代で皇位が争われた。このように、欽明天皇の子・孫・曽孫の世代に順々に皇位を継がせる方式を世代内継承という。

ただし、これでは有力な皇位継承候補者が複数存在することになり、六・七世紀には皇位をめぐってしばしば有力豪族を巻き込んだ激烈な対立・抗争を生じさせることとなった。山背大兄攻殺や乙巳《いっし》の変など、蘇我《そが》氏が関わったいくつかの事件は、最近ではその事例と考えられている。そして、この時期の最大の皇位継承争いは、大友《おおとも》皇子と大《おお》海人《あま》皇子（天武《てんむ》天皇）との間で起きた天武元年（六七二）の壬申《じんしん》の乱である。その後、円滑な皇位継承が目指され、世代内継承ではなく直系継承が、さらに皇位継承候補者を一人に限定する皇太子制が志向されたのである。

　そして、奈良時代の皇統は、天武天皇と鸕野讃良皇后《うののさららこうごう》（持統《じとう》天皇）との間に生まれた草壁《くさかべ》皇子の系統に受け継がれていった。しかし、天武天皇の死の三年後、草壁皇子が即位することなく二十八歳で死去したため、その子の軽《かる》皇子（文武《もんむ》天皇）が成人するまでまず祖母の持統天皇が即位した。続いて十五歳で即位した文武天皇も二十五歳と若くして死去したので、その子の首《おびと》皇子（聖武《しょうむ》天皇）が成長するまで、まず草壁皇子の妃で文武天皇の母の元明《げんめい》天皇が、次に文武天皇の同母姉の元正《げんしょう》天皇が皇位を継いだ。このように、奈良時代は幼少の天皇を即位させることはせず、成人するまで母后《ぼこう》や未婚の女性が天皇となっていたのである。

　そして聖武天皇が二十四歳で即位した後、藤原不比等《ふひと》の娘（光明《こうみょう》皇后）との間に生まれた某王（基《もとい》王）がわずか一歳で皇太子に立てられた。しかし翌年、某王も生まれて一年も経たないうちに夭折したため、その同母姉の阿倍内親王《あべないしんのう》（孝謙《こうけん》天皇）が皇太子となり、やがて即位する。ただし、この孝謙天皇は、天武直系であるとはいえ、女帝であったためかその皇統は行き詰まりをみせ、いったん、傍系の淳仁《じゅんにん》天皇が即位する。その後、孝謙上皇が重祚《ちょうそ》して称徳《しょうとく》天皇が即位するが、皇太子を置かず行き詰まりの状況に変わりはなかった。したがって、称徳天皇が僧の道鏡《どうきょう》を天皇に立てようとする皇位覬覦《きゆ》事件が起きたのは、あながち現実味のない話ではなかったと思える。

光仁天皇と桓武天皇

結局、禁中《きんちゅう》に策がめぐらされて天皇に擁立されたのは、天智《てんじ》天皇の孫にあたる光仁《こうにん》天皇であった。同時に、聖武天皇の娘井上《いのえ》内親王が皇后、その間に生まれた他戸《おさべ》親王が皇太子に立てられており、光仁天皇の即位は、女性を通して聖武天皇の血を繋げようとしたものであった。しかしその後、井上内親王と他戸親王が皇后・皇太子を廃され、山部《やまべ》親王（桓武天皇）が立太子《りったいし》し、即位したのである。桓武天皇は天武天皇との血の繋がりを持たないため、これによって、皇統は天武系から天智系へと移行する結果となったのである。

平安初期の皇位継承

続いて、平安初期の皇位継承を概観すると、桓武天皇の後、その三人の皇子の平城天皇・嵯峨《さが》天皇・淳和《じゅんな》天皇が相次いで即位したが、この皇位継承が単純に行われたわけではない。桓武天皇の皇太子（弟）には初め、同母弟の早良《さわら》親王が立てられたが、延暦《えんりゃく》四年（七八五）の藤原種継《たねつぐ》暗殺事件で首謀者として皇太弟《こうたいてい》を廃され、安殿《あて》親王（平城天皇）が皇太子となった。そして、平城天皇が即位すると同母弟の神野《かみの》親王（嵯峨天皇）が皇太弟となり、平城天皇が譲位して嵯峨天皇が即位すると、平城上皇の皇子高岳《たかおか》親王が皇太子に立てられた。

しかし、弘仁《こうにん》元年（八一〇）に起きた薬子《くすこ》の変（平城太上《だじょう》天皇の変）の累《るい》が及ぶかたちで高岳親王は廃太子《はいたいし》となり、平城天皇の系統は皇統から外れるのである。代わって、嵯峨天皇の異母弟の大伴《おおとも》親王（淳和天皇）が皇太弟に立てられた。そして、嵯峨天皇が譲位して淳和天皇が即位すると、嵯峨上皇の皇子正良《まさら》親王（仁明《にんみょう》天皇）が皇太子となり、さらに、淳和天皇が譲位して仁明天皇が即位すると、淳和上皇の皇子恒貞《つねさだ》親王が皇太子となって、嵯峨・仁明系と淳和・恒貞系との両統迭立《りょうとうてつりつ》の状態が生まれた。

これは一見、世代内継承に回帰したかのようにみえるが、高岳親王と淳和天皇のように世代の逆転がみられることから、そのような特定の方式が存在したわけではなく、むしろその時々で最も皇位にふさわしいと思われる者を皇太子に立てていた感がある。そして、しばしば皇太子が廃されており、平安初期には安定的な皇位継承がなされていたわけではなかったのである。

このような状況下で勃発したのが承和《じょうわ》の変である。まず、承和九年（八四二）七月十五日に嵯峨上皇が死去すると、二日後に、仁明天皇を廃して皇太子の恒貞親王を天皇に立てるという謀叛《むほん》の動きがあるとする密告がなされる。これによって、春宮坊《とうぐうぼう》の帯刀《たちはき》の伴《ともの》健岑《こわみね》と但馬権守《たじまのごんのかみ》の橘逸勢《たちばなのはやなり》が捕らえられて流罪となり、さらに恒貞親王が皇太子を廃された。代わって、仁明天皇の皇子で二月に十六歳で元服《げんぷく》したばかりの道康《みちやす》親王（文徳《もんとく》天皇）が皇太子に立てられたのである。そしてこの時、仁明天皇と議政官《ぎせいかん》の公卿《くぎょう》たちとの間で、次のような注目すべきやりとりがあった。

道康親王の立太子

八月一日、議政官が仁明天皇に新たな皇太子の選定を要請したのに対し、翌二日、仁明天皇は議政官に選定を指示する詔を発したが、そのなかに、

朕《ちん》の非薄《ひはく》、子に賢明無し。宜しく神授《しんじゅ》の英徽《えいき》を択《えら》びて、玄鑑《げんかん》の韶遠《しょうえん》を立つべし。

（自分は徳が薄く子供も賢明ではないので、神霊から才能を授かった優秀な者を選び、その霊妙な力により遠方に至るまで安穏になるようにすべきである。）

と『続日本後紀《しょくにほんこうき》』承和九年八月癸亥《みずのとい》条にあるのに対し、四日に議政官の公卿は、

其《そ》れ嫡《ちゃく》を樹《た》つるに長を以てするは、曠古《こうこ》の徽猷《きゆう》にして、子を立つるに尊を以てするは、先王の茂実《もじつ》なり。今皇子道康親王、系は正統に当たり、性は温恭《おんきょう》に在り、率《そっ》土《と》心を宅《たく》し、群后《ぐんこう》美に帰す。豈《あ》に宸方《しんぽう》の元長《げんちょう》を棄てて、藩屏《はんぺい》の諸王を択ぶや。

（長子を立てて後嗣《こうし》とすることは昔からのよきしきたりであり、身分の尊い子を立てるのは過去の優れた

王者の採用するところです。現在、道康親王は皇統の嫡系にあたり、性格は温和で慎み深く、全国土のことを心に掛け、朝廷の高官が褒め称えています。どうして正統な嫡子を棄て傍系の諸皇子を選んでよいものでしょうか。）

と上表《じょうひょう》し、道康親王を推挙していることが同じく八月乙丑《きのとうし》条にみえる。

直系継承原理の確立

こうして、道康親王は皇太子に立てられたのであるが、ここで仁明天皇が、皇子の道康親王は賢明ではなく皇太子としてふさわしくないとしているのに対して、議政官の公卿たちは正統な嫡子を立てるべきであると答えているのである。これは一見して、仁明天皇が謙譲の美徳を示し、それでも実子の道康親王を皇太子に立てることを正当化する予定調和的な応答に受け取れよう。事実そうした演出だったのであろうが、重要なのは、仁明天皇が皇太子の要件として能力を説いているのに対し、議政官の公卿たちは血統を優先することを唱え、結果、それが採用されたことである。奈良時代は、直系継承原理を追求したものの、資質の方が重視され成人の天皇が即位してきた。平安初期においても、安定的な皇位継承の原理が存在したわけではなかった。これに対し、ここでは資質よりも血統を優先することが正統化されたのであり、したがって、承和の変は直系継承原理が確立される画期となったのである。

文徳天皇の即位

その後、仁明天皇は嘉祥三年三月二十一日に死去した。同日、皇太子の道康親王に天皇の位の証しである神璽《しんじ》・宝剣《ほうけん》・符節《ふせつ》・鈴印《れいいん》が献上され、四月十七日に大極殿《だいごくでん》において即位式が行われた。文徳天皇で、この時二十四歳。そして、皇子の清和天皇が誕生したのは、その間の三月二十五日であった。

嵯峨天皇と藤原冬嗣

清和天皇の父である文徳天皇は、天長《てんちょう》四年（八二七）、仁明天皇と藤原順子《じゅんし》との間に生まれたが、その仁明天皇の父は嵯峨天皇、順子の父は藤原冬嗣であった。冬嗣は、薬子の変に際し蔵人頭《くろうどのとう》に抜擢され、その後、参議《さんぎ》・中納言《ちゅうなごん》・大納言《だいなごん》・右大臣と出世した、嵯峨天皇の信任が最も厚かった人物であり、最終的には左大臣《さだいじん》にまで昇り詰めた。藤原氏の北家が摂関家として繁栄していった基礎を築いたのはこの冬嗣とされる。

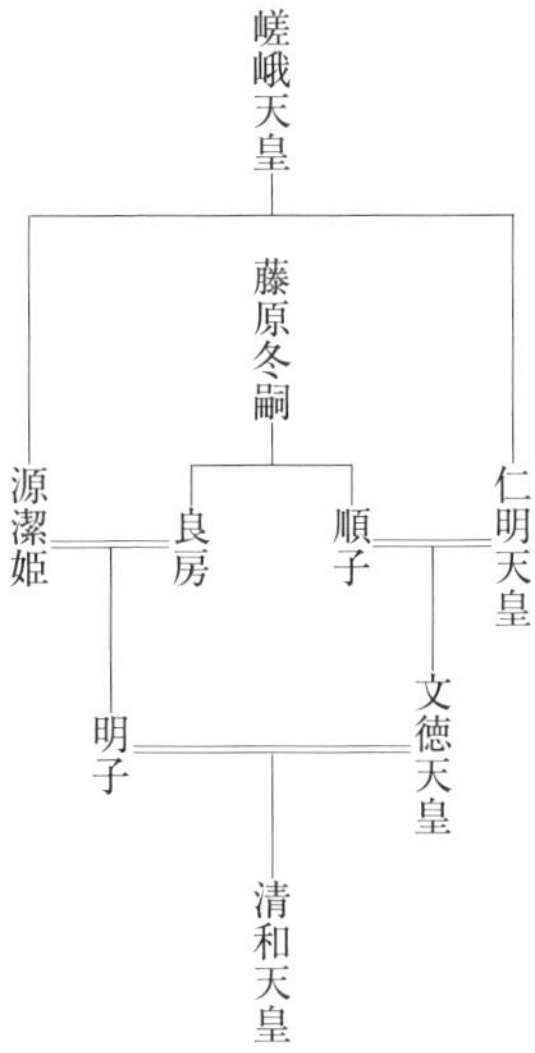

嵯峨天皇と藤原冬嗣

一方、清和天皇の母は染殿后《そめどののきさき》と呼ばれた藤原明子《あきらけいこ》で、天長五年の生まれである。父の良房は冬嗣の子であり、母は、嵯峨天皇の皇女《こうじょ》で臣籍《しんせき》に降下した源《みなもとの》潔姫《きよひめ》である。嵯峨天皇は冬嗣の娘順子を皇子仁明天皇の女御《にょうご》とし、その間には文徳天皇が生まれた。また、冬嗣の子良房に自身の娘潔姫を降嫁《こうか》して、その間には明子が生まれた。すなわち、嵯峨天皇と冬嗣とは、お互いの皇子と娘、皇女と男子同士をそれぞれ婚姻させるなど、強固な姻戚関係を築き、深い信頼関係で結ばれていたのである。そして、文徳天皇の皇太子時代に明子を東宮妃《とうぐうひ》とし、その間に生まれたのが清和天皇なのである。

このように、嵯峨天皇と冬嗣は清和天皇の父方・母方いずれもの曽祖父にあたり、清和天皇は二人の信頼関係の結晶といえるのである。したがって、清和天皇は血筋のうえで生まれながらにして天皇に即位することが約束された存在だったということができよう。

惟仁親王

清和天皇の諱《いみな》（貴人・天皇の実名）は惟仁《これひと》といい、以下、本書では即位まで惟仁親王と表記する。なお、天皇家の名前（諱）といえば、この「仁」の通字《つうじ》を思い浮かべる人も多いのではないか。たとえば、昭和《しょうわ》天皇は「裕仁《ひろひと》」、現上皇は「明仁《あきひと》」、今上《きんじょう》天皇は「徳《なる》仁《ひと》」というお名前である。このように、天皇の諱には「仁」の文字が代々つけられているが、これは儒教《じゅきょう》の徳目《とくもく》で最も重視された慈しみの心を表わし、天皇の徳を示すのにふさわしいと考えられたためであろう。そして、その始まりが清和天皇なのである。ただしその後、恒常的だったわけではなく、四代後の醍醐《だいご》天皇が「敦仁《あつぎみ》」、その六代後の一条《いちじょう》天皇が「懐仁《やすひと》」と断続的に使われ、藤原道長《みちなが》の外孫《がいそん》にあたる後冷泉《ごれいぜい》天皇から、何代かの例外を除いて諱に「仁」をつけることが定着するのである。さらに、南北朝時代の後小松《ごこまつ》天皇以降は、江戸時代の二人の女性天皇を除いて、すべて「仁」の文字が受け継がれていった。この惟仁親王は、天皇の諱に「仁」がついた初例だったのである。

二　立太子

惟仁親王の立太子

嘉祥三年十一月二十五日、惟仁親王を皇太子とする宣命《せんみょう》が発せられた。誕生のわずか八ヵ月後であり、生まれて一年も満たずに立太子したのは、前述した奈良時代の聖武天皇の皇子某王以来のことである。

東宮職・春宮坊官人の任命

立太子と同時に、皇太子に付される役である東宮職《とうぐうしき》や、家政機関の中心となる春宮坊の官人《かんじん》が任じられた。道徳をもって皇太子（東宮・春宮）を輔《たす》け導く東宮傅《ふ》には従二位《じゅにい》大納言の源信《まこと》、儒教の経典などを東宮に教授する役職である東宮学士《がくし》には大枝音人《おおえのおとんど》、そして春宮坊の長官である春宮大夫《だいぶ》に正四位下《しょうしいのげ》参議の藤原良相《よしみ》、次官の春宮亮《すけ》に藤原冬緒《ふゆお》という顔ぶれである。東宮傅に任じられた源信は、嵯峨天皇の皇子で源姓を賜って臣籍に降ったいわゆる嵯峨源氏《げんじ》で、最初の賜姓《しせい》源氏の一人であり、この時四十一歳。一方、春宮大夫の藤原良相は藤原良房の弟で三十八歳。後に清和天皇の廟堂《びょうどう》において、太政《だいじょう》大臣《だいじん》良房のもと、信は左大臣、良相は右大臣と並び立つようになる。東宮学士の大枝音人は、平城天皇の皇子阿保《あぼ》親王の孫で四十歳。文章道《もんじょうどう》を修め、貞観《じょうがん》八年（八六六）に「大《お》江《え》」と改姓《かいせい》し、学者の家として名高い大江氏の祖とされる人物である。春宮亮の藤原冬緒は、藤原氏の京家《きょうけ》の系統で四十三歳。実務官人として能力を発揮し、後に大納言まで昇進している。音人と冬緒はともに、当時、従五位下《じゅごいのげ》であった。

山陵への立太子の報告

三十日には、中納言安倍安仁《あべのやすひと》らを嵯峨山陵《さんりょう》に、参議藤原助《たすく》らを仁明天皇の深草《ふかくさ》山陵に向かわせ、惟仁親王の立太子のことを報告している。

三超の謡

ところで、『日本三代実録《にほんさんだいじつろく》』の清和天皇の即位前紀《ぜんき》によれば、惟仁親王の立太子に先立って、次のような童謡《わざうた》が謡われたという。

大枝を超《こえ》て走り超て踊《お》どり騰《あ》がり超て、我や護《ま》もる田にや、捜《さぐり》あさり食《は》む志岐《しぎ》や、雄々《おお》い志岐や。

直接の意味は、鴫《しぎ》が枝を踊り超えて飛んできて、自分が護る田を探りあさり、餌を食い荒らす、ということになるが、『日本三代実録』には、これに続けて次のように記されている。

識者おもえらく、大枝は大兄の謂《いい》なり。是の時、文徳天皇四皇子有り。第一惟喬《これたか》親王、第二惟条《これえだ》親王、第三惟彦《これひこ》親王、皇太子是れ第四皇子なり。天意若曰《いわ》く三兄を超えて立つ、故に此の三超之謡有り。

この童謡は、「超て」が三回繰り返されることから「三超之謡」といわれたが、「識者おもえらく、大枝は大兄の謂なり」とあるように、大兄すなわち皇位継承候補者を跳び超えたことをさしていた。文徳天皇には、紀名虎《きのなとら》の娘静子との間に生まれた七歳の惟喬親王、五歳の惟条親王、滋野貞主《しげののさだぬし》の娘奥子との間に生まれた一歳の惟彦親王の三人の皇子がおり、この童謡は、それら三人の兄をさしおいて生後わずか八ヵ月の惟仁親王が立太子されたことを批判したものとされる。

立太子への批判

先に述べたように、惟仁親王は血統のうえで生まれながらにして天皇に即位することが約束された存在といえるので、兄を超えて皇太子に立てられたことは不思議なことではない。しかし、このような早い立太子は異例のことであった。奈良時代の聖武天皇と光明皇后との間に生まれた某王の例はあるものの、夭折したため即位には至っていない。そこで、童謡にみられたような反発があったのも事実である。

『大鏡』裏書

　そして、この立太子には文徳天皇自身にも不満があったらしい。後の史料であるが、『大鏡《おおかがみ》』裏書《うらがき》所引『吏部王記《りほうおうき》』承平《じょうへい》元年（九三一）九月四日条に次のような話が伝えられている。

　文徳天皇は惟喬親王を最も愛し、皇太子の惟仁親王が幼い頃、まず惟喬親王を天皇に立て、惟仁親王が成長した後、天皇を継がせたいと思っていた。しかし、当時の皇太子の祖父は太政大臣の藤原良房であり、朝廷の重臣であったので、文徳天皇はそれを憚ってこの令を発せられないでいた。良房はこれを憂いて、皇太子を辞退させようとした。この時、天文《てんもん》を善《よ》くする藤原三仁《ただひと》は良房を諫《いさ》めて、懸象《けんしょう》に変なく、事は必ず遂げられないであろうと言った。そして、文徳天皇が左大臣源信を召し、久しく談話した後、惟喬親王を天皇に立てたいという意向を示した。これに対し信は、惟仁親王にもし罪があるならば、皇太子を廃して天皇に立ててはならないが、罪がないのならば他の人を天皇に立てるべきではないので、詔《みことのり》を奉《うけたまわ》ることはできない、と答えた。文徳天皇はこれに甚だ不満であったが、結局、皇太子を代えることはなく、やがて文徳天皇は崩《ほう》じた。

惟喬親王との東宮争い

『吏部王記』は、醍醐天皇の皇子重明《しげあきら》親王の日記であり、これは惟仁親王立太子から八十年後の記事である。当時、参議であった藤原実頼《さねより》が重明親王のもとを訪れて語った古事談《こじだん》として記されているが、ここから、文徳天皇自身は惟仁親王が成人するまで、惟喬親王を天皇とする意向があったといわれ、後世、説話などで惟仁親王と惟喬親王との東宮争いとして語られることになる。これらのことから、惟仁親王の立太子には、反対する勢力が存在したことが予想されるのである。なお、この『大鏡』裏書所引『吏部王記』の話には続きがあるのだが、それは後述することとしたい。

良房の歌

一方、『古今和歌集《こきんわかしゅう》』巻第一、春歌上、五十二番歌には、

年ふれば齢《よわい》は老いぬ　しかはあれど　花をし見れば物思ひもなし

（年数をへるままに年老いてしまったが、この美しい花を見ていると何も思い残すことはない）

という良房の歌が載せられている。この一首は文徳天皇時代に、一輪の花を見て娘の明子を思い詠まれた歌とされる。甥の文徳天皇が即位し、外孫の惟仁親王が立太子して、このような心境に達したのであろう。

東宮雅院

さて、惟仁親王の誕生から皇太子までの時代は、父の文徳天皇の治世下と重なる。文徳天皇は、仁明天皇が死去して神璽・宝剣・符節・鈴印を受けると、東宮雅院《がいん》に移った。これは、大内裏《だいだいり》の東の待賢門《たいけんもん》を入った北側に東西に並んで立てられた皇太子の曹司《ぞうし》である。なお、四月十一日に中殿《ちゅうでん》に移る。中殿とは一般に清涼殿《せいりょうでん》のことをさすが、ここでは東宮雅院内の北殿に対する中殿のこととされている。また、たとえ清涼殿であったとしても、それは十七日に大極殿で即位式を行うための一時的な措置であり、すぐに東宮に戻ったと思われる。

文徳天皇初期の廟堂

文徳天皇当初の廟堂は、

左大臣　源　常《ときわ》

右大臣　藤原良房

大納言　源信

中納言　源定・安倍安仁・源　弘《ひろむ》

参議　源明《あきら》・藤原長良《ながら》・滋野貞主・藤原助・小野　篁《おののたかむら》・藤原良相・伴善男《よしお》・橘峯継《みねつぐ》

で構成されていた。これは仁明天皇晩年の布陣であり、この年のうちに橘峯継は権中納言に、そして翌年には藤原良相が権中納言に、新たに藤原氏宗《うじむね》・平　高棟《たいらのたかむね》が参議になっている。嵯峨源氏が五人もいることは注目され、その三年後の斉衡《さいこう》元年（八五四）に、左大臣源常が四十三歳で死去し、良相が権大納言、藤原長良が権中納言に昇進しているものの、藤原氏が必ずしも他の氏族を圧していたわけではなかった。

大嘗祭

仁寿《にんじゅ》元年（八五一）十一月には大嘗祭《だいじょうさい》が執り行われた。毎年十一月に、その年の新穀《しんこく》を天皇が神に捧げて共食し、収穫に感謝する祭祀が新嘗祭《にいなめさい》であり、天皇にとって最も重要な宮中祭祀である。そして大嘗祭は、天皇が即位して初めて行う新嘗祭であり、一代一度の祭祀として即位式に匹敵する重要な宗教儀礼と位置づけられるものである。

文徳天皇の居所

そして、仁寿三年二月十四日、文徳天皇は東宮から梨下院《なしもと》に移る。梨下院は、左近衛《さこのえ》府《ふ》の西、内裏の東北にあるが、かつて淳和天皇が大内裏修理のために遷り、また、仁明天皇の別館だったということから、大内裏内にあるとはいえ離宮的な性格の殿舎であった。さらに、斉衡元年四月十三日に冷然院《れいぜい》に移る。冷然院は左京二条大路北、大宮大路南という大内裏の外にあり、嵯峨上皇が居所として以来、上皇の居住する後院《ごいん》となった。後に何度か火災にあい、「然」の文字が火に通じる不吉なものとして、天徳《てんとく》四年（九六〇）に冷泉院《れいぜい》と改められた。この冷然院に新成殿という殿舎が造営され、文徳天皇はそこに居住した。

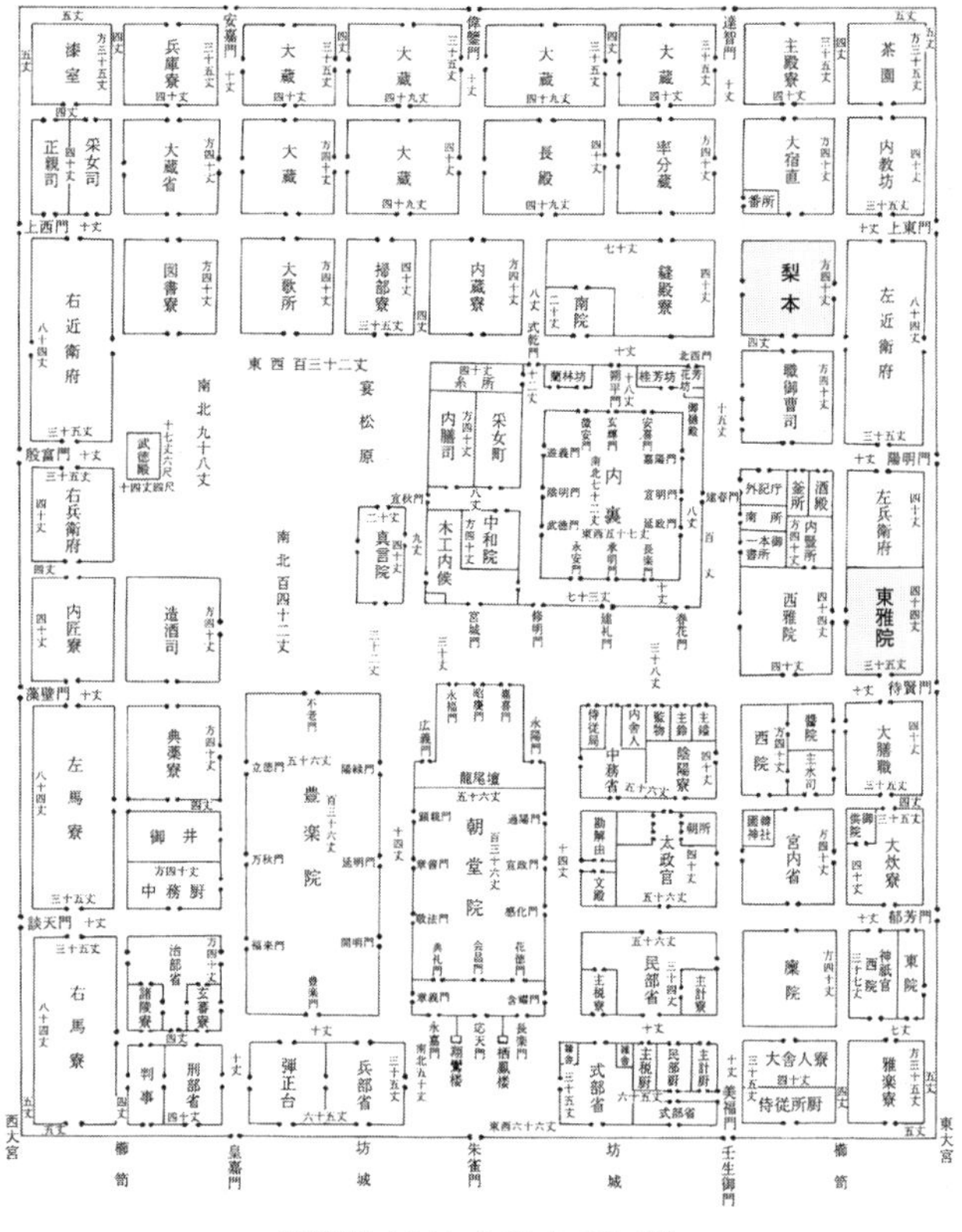

東雅院（東宮）と梨本（梨下院）

（古代学協会・古代学研究所編『平安京提要』角川書店，1994年，145頁の図を一部改変）

このように、文徳天皇は終生、内裏には居住しなかったのである。これには、先の惟喬親王を皇位につける意向の話からもうかがわれるように、藤原良房と文徳天皇との間に確執があったことが推測され、そのことが影響したとする向きがある。すなわち、自身の意志が政務その他に反映されない状況に対して、文徳天皇は自らを内裏から遠ざけたというのである（目崎徳衛「文徳・清和両天皇の御在所をめぐって」）。

確かに、文徳天皇は多くの寵臣を昇進・任用しているが、だからといって良房との関係がそれほどまでに深刻だったのかは疑問とせざるを得ない。そもそも、結果的にではあったとしても、天皇を内裏から退去させるほど良房の権力が独裁的であったとも思えない。本書の冒頭で述べたように、仁明天皇以前は毎日紫宸殿《ししんでん》に出御《しゅつぎょ》して政務を視《み》ていたが、文徳天皇以降は途絶えたという。そして、後述するように、政務儀礼にも文徳天皇以降、出御はみられなくなった。これらのことは、『日本文徳天皇実録《にほんもんとくてんのうじつろく》』天安《てんあん》二年（八五八）甲子《きのえね》条の崩伝《ほうでん》に「聖体羸弱《せいたいるいじゃく》」とみられるように、文徳天皇は生来病弱であり、そのことから政務に積極的に関わる意思を持たなかったのではないかと推測されるのである。むしろそのことが、天皇の居所に表れたのではなかろうか。

惟仁親王の朝覲

その間、惟仁親王はどこに居住していたのか。当初は、良房の東京一条第に居住していたであろうが、後に冷然院の皇太子直曹司に居住したという。そして、斉衡元年八月十四日、五歳になった惟仁親王は父の文徳天皇に初めて謁観《えっきん》をし、斉衡三年正月三日にも朝観《ちょうきん》をしている。朝観とは本来、中国で諸侯が天子《てんし》に拝謁《はいえつ》することをさすが、九世紀前半には、正月三日に天皇が父である上皇のもとに朝観行幸《ぎょうこう》をし、儒教的な父子の秩序を示すためのものであった。これを、七歳になった皇太子惟仁親王が父の文徳天皇に行ったのである。

良房の太政大臣任官

さて、天安元年二月十九日には、右大臣の藤原良房が太政大臣となり、大納言源信が左大臣、同じく大納言藤原良相が右大臣となった。この時の文徳天皇の宣命によれば、良房の右大臣は先帝仁明天皇が任じたものであり、自分はまだ良房の功労に報いていないので、今回の任大臣を行ったという。この理由を言葉通りに解釈するだけでよいのであろうか。

太政大臣は、適任者がいなければ任命されない「則闕《そっけつ》の官」であり、これ以前に生前に任官されたのは、天智天皇の時の大友皇子、持統天皇の時の高市皇子《たけちの》、そして奈良時代には、太師《たいし》（＝太政大臣）として藤原仲麻呂《なかまろ》（恵美押勝《えみのおしかつ》）、太政大臣禅師《ぜんじ》として道鏡が任じられたのみである。このような皇族や特殊な臣下以外では、天皇の外戚《がいせき》に死後、贈官されるのみで、臣下が生前に太政大臣に任じられた例はない。もし、宣命にあるような、文徳天皇自身が良房を昇進させたいという理由だけであるのなら、左大臣に昇任させればすむことであろう。やはり、太政大臣という特別な大臣に前例なく任官したのは、従来からいわれているように、幼い惟仁親王の即位に対する布石だったとみるべきである。それはどのようなことを意味するのであろうか。

皇太子の後見

先にも述べたように、惟仁親王の立太子には反対する勢力が存在したことが推測される。さらに、この時点で文徳天皇の健康に不安があり、遠くない将来、惟仁親王の即位が予想されるならば、幼帝が前例のないことから、強い反発が生じる可能性があった。このような状況において、幼い皇太子をどのように支えていくのかが課題となる。

さて、平安初期には、薬子の変で嵯峨天皇が平城上皇に勝利したことによって、天皇と同等であった太上天皇の権威・権力が後退していったといわれる。しかし、前述したように、桓武天皇の三人の皇子は、平城天皇が嵯峨天皇に譲位することにより高岳親王が皇太子となり、続いて嵯峨天皇が淳和天皇に譲位することにより正良親王（仁明天皇）が皇太子となり、さらに淳和天皇が仁明天皇に譲位することにより恒貞親王が皇太子となるなど、それぞれが譲位することによって自らの皇子が皇太子となっている。すなわち、太上天皇が実子である皇太子の後見となり、その地位を安定させていたといえる。ところが、承和の変の前に淳和上皇と嵯峨上皇が死去した後、太上天皇の不在が続いていた。したがって、皇太子惟仁親王は、血筋のうえでは申し分ないものの、必ずしもその地位は安定的であったとはいえなかったのである。そこで、惟仁親王の外祖父である良房を太政大臣に任ずることにより、太上天皇が担っていた皇太子の後見という役割を負わせたのではなかろうか。

太上天皇と太政大臣

太政大臣は律令《りつりょう》に規定された官職《かんしょく》であり、大宝《たいほう》元年（七〇一）に制定された大宝令にはその規定が存在した。制定当初には太政大臣を規定する明確な意図や想定が存在したであろう。しかし、それから百五十年以上が経ち、位置づけが曖昧となっていたことは否めない。後の例であるが、元慶《がんぎょう》八年（八八四）に光孝《こうこう》天皇が即位した時、当時、太政大臣であった藤原基経が、その職位に疑義を呈し、天皇が学者たちに太政大臣の職掌《しょくしょう》や位置づけについて奏上《そうじょう》させたことは、その時点で太政大臣の性格が不明確となっていたことを物語っていよう。しかし裏を返せば、そのことは太政大臣を当時の都合によって任命することを可能としたのである。

養老職員令《ようろうしきいんりょう》には、太政大臣の説明として、「一人に師とし範として、四海に儀形《ぎけい》たり」

とあるが、これは天子の道徳の師であり、四海の民の規範であるとの意味である。唐《とう》の三師《さんし》（太師・太傅《たいふ》＝左大臣・太保《たいほう》＝右大臣）の規定をそのまま引き写したもので、天皇の指南役ということであり、それが皇太子の後見役としてふさわしい役職と考えられたのではなかろうか。

これは後の例であるが、陽成《ようぜい》天皇の摂政《せっしょう》であった右大臣の基経が、元慶四年に清和太上天皇が死去したのと同日に太政大臣に任官されていることから、この時期、太政大臣は太上天皇の役割の一部を担う形で任命されていたと考えられるのである。したがって、太上天皇不在という状況において、太上天皇が担っていた皇太子の後見という役割を、良房を太政大臣に任ずることにより、代わりに担わせたのではなかろうか。すなわち、幼い皇太子惟仁親王がそう遠くない将来に即位することが予想されるなかで、その後見として、良房は太政大臣に任命されたのである。良房はこの時五十四歳であった。

そして、天安二年八月に父文徳天皇がいよいよ不予《ふよ》となる。

第二　幼帝の登場

一　幼帝即位

文徳天皇の不予

天安《てんあん》二年（八五八）八月、文徳《もんとく》天皇が不予《ふよ》となる。二十四日には、言語不通という状況になるなか、皇太子惟仁親王《これひとしんのう》は嘗薬《しようやく》に侍《じ》した。嘗薬とは、君主や親が薬を服用する前に家来や子どもがまずそれを試すことをいい、一種の毒味である。ここでは、惟仁親王が自ら嘗薬を行ったか、あるいは父帝にもしものことがあった時のために、その場に立ち会ったということであろう。

固関

二十六日には伊勢《いせ》・近江《おうみ》・美濃《みの》に使いが派遣され、諸関が警固《けいご》された。伊勢国には鈴《すず》鹿関《かのせき》、近江国には相坂《おうさか》（逢坂《おうさか》）関、美濃国には不破《ふわ》関がある。古来、鈴鹿関・不破関に越前国愛発《えちぜんのくにあらち》関を加えて三関《さんげん》といい、その名は養老軍防令《ようろうぐんぼうりよう》置関条の義解《ぎげ》にみえる。都から東海道《とうかいどう》・東山《とうさん》道・北陸《ほくりく》道に通じる交通の要衝にある関所であり、壬申《じんしん》の乱の教訓から

三関と宇治・淀・山崎
（仁藤智子『平安初期の王権と官僚制』吉川弘文館，2000年，136頁より）

東国《とうごく》に対する警戒として、軍事的に重要な地点に三関が設けられたと考えられている。そして、兵乱に際し都を守護するために、これらの関所を警固するのが固関《こげん》であり、天皇が不予または死去した際にも、それにともなって兵乱が起きる危険性に対して、この固関が行われるのが常であった。『続日本紀《しょくにほんぎ》』によれば、三関は延暦《えんりゃく》八年（七八九）七月十四日に停廃されているが、その後も、伊勢の鈴鹿関、美濃の不破関、そして越前の愛発関に代わって近江の逢坂関の三つの関所がしばしば警固された。今回の文徳天皇の不予においても、三関に使いが派遣され、固関が行われたのである。さらに、山城国司《やましろこくし》に東南西の三方の要路である宇治《うじ》・与度《よど》（淀）・山崎《やまざき》の道を警固させたが、これらは平安京に遷都された後、その周辺に形成された新たな要所である。

文徳天皇の死去

そして二十七日、ついに文徳天皇が冷然院《れいぜいいん》の新成殿にて三十二歳で死去した。そこで、左右近衛《このえ》の少将《しょうしょう》が、それぞれ将監《しょうげん》・将曹《しょうそう》・近衛らを率いて皇太子の直曹《じきそう》に陣《じん》し、逆に春宮帯刀舎人《とうぐうたちはきのとねり》は陣を解き退散した。近衛府が天皇を警固するのに対し、春宮帯刀舎人は皇太子を警固するので、後者から前者に交代したことは、皇太子惟仁親王の天皇即位に備えた措置である。続いて、大納言《だいなごん》右近衛大将《だいしょう》安倍安仁《あべのやすひと》が左右近衛少将・少納言《しょうなごん》・主鈴《しゅれい》らを従えて、天皇の位の証しである神璽《しんじ》・宝剣《ほうけん》・節符《せっぷ》・鈴印《れいいん》等を皇太子の直曹に奉《たてまつ》った。さらに、太政大臣《だいじょうだいじん》藤原良房《ふじわらのよしふさ》・左大臣《さだいじん》源信《みなもとのまこと》・右大臣《うだいじん》藤原良相《よしみ》が皇太子の直曹に侍し、公卿《くぎょう》らは、蔵人所《くろうどどころ》において文徳天皇の葬送のために装束司《しょうぞくし》・山作司《さんさくし》・養《よう》役夫司《やくぶし》・作路司《さくろし》など種々の司を定めている。

兵庫・馬寮の警固

同日、文徳天皇が死去したことを伊勢鈴鹿関・近江相坂関・美濃不破関に派遣された使いに宣告し、さらに、左右兵庫《ひょうご》や左右馬寮《めりょう》を堅く護らせている。武器や馬を管理する兵庫・馬寮を警固させたのも、天皇の死去にともなう不測の事態に対処するためのものである。

東宮への遷御

二十九日、諸衛《しょえい》が鎧甲《よろいかぶと》などで武装して厳重に警護し、惟仁親王は「皇太夫人《こうたいぶにん》」と同じ輿《こし》に乗り、東宮《とうぐう》に移った。二日前の二十七日には「皇太夫人」を東五条宮に迎えたが、これは幼い天皇を擁護するためであった。この『日本三代実録《にほんさんだいじつろく》』にみえる「皇太夫人」とは、惟仁親王の祖母で五十歳の藤原順子《じゅんし》のことである。順子は、斉衡《さいこう》元年（八五四）に皇太夫人から皇太后《こうたいごう》になっているので、同輿《どうよ》したのは惟仁親王の母の藤原明子《あきらけいこ》とみる向きもあるが（目崎徳衛「文徳・清和両天皇の御在所をめぐって」）、明子が皇太夫人となるのは二ヵ月余り後の十一月七日であり、この時点ではまだ皇太夫人になっていない。翌年の『日本三代実録』貞観《じょうがん》元年（八五九）四月十八日条には、「皇太后」の順子が東宮より退去したとの記事があり、そこに「去年八月二十九日」に今上《きんじょう》（惟仁親王）と輿を同じくして冷然院より遷って東宮に御《ぎょ》したとみえるので、この「皇太夫人」は順子と考えた方が蓋然性が高い。

文徳天皇の葬送

　文徳天皇の山陵《さんりょう》は九月二日、山城国葛野郡田邑郷真原岡《かどののぐんたむらごうまはらのおか》に定められた。この後、文徳天皇の葬送の行事が進められていく。翌三日は初七日《しょなのか》にあたり、近陵《きんりょう》諸寺に使いが遣わされて功徳《くどく》が修され、以後、七日ごとに京辺諸寺で転念《てんねん》功徳が修された。四日には東宮惟仁親王が喪《も》に服し、三日間を限り棺のそばで死者のために声を挙げて哭《な》く挙哀《こあい》を行った。そして六日に、文徳天皇は真原の山陵に葬られ、八日にようやく諸衛に陣していた兵の甲を脱がすのである。四十九日《しじゅうくにち》にあたる十月十六日には、広隆寺《こうりゅうじ》にて五十僧による御斎会《ごさいえ》が修され、翌十七日には三日を限り大般若経《だいはんにゃきょう》が転読《てんどく》された。文徳天皇の葬送儀礼はこれをもって一段落する。

惟喬親王

　なお、十月二十六日の任官において、惟仁親王の兄惟喬《これたか》親王が大宰帥《だざいのそつ》に任じられた。惟喬親王はこの正月十六日に大宰権帥《ごんのそつ》に任じられている。前述したように、かつて幼い惟仁親王をさしおいて惟喬親王を即位させる動きがあったのであり、この任官は、むろん任地に赴かぬ遥任《ようにん》であるものの、惟仁親王の即位にあたって惟喬親王を皇位から遠ざけるための措置とも考えられよう。この後、惟喬親王は貞観五年に弾正尹《だんじようのいん》、翌年に常陸太守《ひたちのたいしゅ》、貞観十四年に上野《こうずけ》太守を兼任しているが、その年の七月十一日に出家し、山城国愛宕郡《おたぎぐん》小野《おの》に隠棲した。寛平《かんぴょう》九年（八九七）に死去したが、後世、木地師《きじし》（木工《もく》職人）の祖と仰がれ、各地の木地師村に惟喬親王伝説が伝わっている。

即位の報告

十月三十日には建礼門《けんれいもん》前で大祓《おおはらえ》が行われ、翌十一月一日には、そこで伊勢神宮に天皇即位を告げる使いが派遣された。即位式に先立って、伊勢神宮にその由《よし》を告げる奉幣《ほうべい》使《し》が発遣されるのが常であり、これがそれにあたる。また五日には、天智《てんじ》天皇の山階《やましな》山陵、桓武《かんむ》天皇の柏原《かしわばら》山陵、嵯峨《さが》天皇の嵯峨山陵、仁明《にんみょう》天皇の深草《ふかくさ》山陵、文徳天皇の真原山陵（十二月十日に田邑山陵と名を改める）、さらに外祖母の源潔姫《きよひめ》の墓に即位を告げる使いが派遣されている。これらは、始祖天智天皇から桓武天皇以降の惟仁親王の直系の祖先と外戚《がいせき》の陵墓《りょうぼ》が対象となっている。

即位式

そして七日、平安宮朝堂院《ちょうどういん》（八省院《はっしょういん》）の大極殿《だいごくでん》で即位式が執り行われた。即位式は、百官が列立《れつりつ》するなか新天皇が大極殿の高御座《たかみくら》に登壇し、百官再拝の後、即位の宣命《せんみょう》（詔《しょう》書《しょ》）が読み上げられ、百官が再拝舞踏、万歳《まんざい》が称されるという次第で行われる。詔《みことのり》は平安時代にはほぼ定型句となるが、この時も例外でなく、「平安宮において治める倭根《やまとね》子天皇《このすめらみこと》」（先帝）が「近江大津宮《おうみのおおつのみや》において治めた天皇」（天智天皇）が定めた法に従って自分に授けたのにとまどっているが、天下は賢人のよき補佐があって初めて治まるものだから、よく仕えるようにと述べ、今回はこれに加えて、母の藤原明子を「皇太夫人」と称することとした。明子はこの時三十一歳。そして、四十二人の叙位《じょい》が行われ、続いて群臣に宴が催されて、即位式は終了した。なおこの日、解由《げゆ》を得ていない者や天下百姓の徭の半分、仁寿《にんじゅ》元年（八五一）以降の調庸《ちょうよう》の未進《みしん》が免除されているが、それは即位式にともなってのことである。

なお、これ以降は清和天皇と表記する。

開関

二十日にようやく山城国の警固が停止され、二十一日に固関が解かれた。固関使《こげんし》が派遣された時にその証しとして、使いに木契《もつけい》という割り札を所持させるが、この日、近江相坂関の木契が返され、同じく二十四日には伊勢鈴鹿関、二十六日には美濃不破関の木契が返されている。

皇太后宮職

二十五日には藤原順子の中宮職《ちゅうぐうしき》を皇太后宮職《こうたいごうぐうしき》となし、翌二十六日には源潔姫に正一《しょういち》位《い》を贈っている。十二月二日には、前春宮職印《さきのとうぐうしきのいん》一枚が内裏《だいり》に進められた。皇太子が天皇に即位し、春宮職が解体したことによる。

十陵四墓と荷前

そして、九日には十陵《じゅうりょう》四墓《しぼ》が定められ、これにもとづいて、十五日に荷前奉幣《のさきほうべい》（別《べっ》貢幣《こうへい》）が行われている。十陵は、天智天皇・施基皇子《しきのおうじ》・光仁《こうにん》天皇・高野新笠《たかののにいがさ》（桓武天皇母）・桓武天皇・藤原乙牟漏《おとむろ》（平城《へいぜい》・嵯峨天皇母）・崇道《すどう》天皇（早良《さわら》親王）・平城天皇・仁明天皇・文徳天皇の山陵で、四墓は、藤原不比等・藤原冬嗣《ふゆつぐ》・藤原美都子《みつこ》（藤原良房母）・源潔姫の墓である。これらは、おおよそ清和天皇の直系の祖先の山陵と外戚の墓であるが、ここで嵯峨山陵が含まれていないのは、嵯峨天皇の遺詔《いしょう》による。そして荷前とは、年終に幣物《へいもつ》を諸陵へ奉献する儀式である。このうち、治部省諸陵寮《じぶしょうしょりょうりょう》が参集した各陵墓の預人《あずかりびと》に幣物を配るのを常幣《じょうへい》というのに対し、天皇が建礼門前に出御《しゅつぎょ》して特定の山陵に使者を派遣し幣物を献じるのが別貢幣である。別貢幣は天皇親祭であり、平安初期から行われるようになったと考えられている。その対象となる山陵と墓は近陵・近墓《きんぼ》と呼ばれ、それが最初に整備されたのがこの時である。この後、天皇の代替わりごとに加《か》除《じょ》が繰り返されるが、この時に清和天皇の直系の祖先と外戚の十陵四墓が定められたのは、初の幼帝《ようてい》として即位した清和天皇の血筋の正統性を強調するためにほかならない。

幼帝の出現

以上が、文徳天皇の死から清和天皇の即位に至る経緯であり、こうして、弱冠九歳の最初の幼帝が誕生したのである。先に述べたように、奈良時代の天皇は天武《てんむ》天皇の直系に継承させることを目指していたが、それでも成人天皇の政治指導力が重視され、女性の天皇も即位してきた。しかし、承和《じょうわ》の変により、指導者としての資質よりも、嵯峨・仁明天皇の直系に皇統を継承させていく原則が確立された。そうして文徳天皇が立太《りったい》子《し》・即位したのであるが、直系継承原理を推し進めていく以上、父帝が若くして死去すれば、幼い皇太子が即位することは不可避であり、幼帝の出現は当然の帰結だったのである。しかも清和天皇は、嵯峨天皇と藤原冬嗣との信頼関係の結晶であり、生まれながらにして天皇となることが約束された存在だったのである。最初の幼帝はこのような状況のもと誕生したのである。

官僚機構の成熟

その背景には、平安初期以降の官僚機構の整備によって、天皇が直接国政を領導しなくても支障をきたさない体制が確立したことが考えられる。それまで天皇が紫宸殿《ししんでん》に出御して行われていた政務儀礼に、父文徳天皇が仁寿・斉衡期から出御しなくなるのは、そのことを端的に表しており、このような天皇不出御儀の展開は、さらにその体制の整備を促すこととなった。このことも、幼帝が即位することを可能とする条件となったのである。

異例の措置

しかし、新天皇はまだ九歳であり、このように幼くして即位するのは初めてのことであった。そのため、今回の即位には異例の措置がみられた。一つは、文徳天皇の死去によって幼い皇太子が仮の内裏である東宮に遷るに際し、「皇太夫人」（皇太后）である祖母藤原順子が同輿したことであり、これは祖母が幼帝の即位を擁護したことを意味する。その後、順子は八ヵ月間、東宮にあって幼帝を擁護したのであり、さらに母である皇太夫人藤原明子も東宮北殿《きたどの》に居住し、清和天皇が貞観七年に内裏仁寿殿《じじゅうでん》に遷ると、翌年、明子も常寧殿《じょうねいでん》に移り内裏に同居した。このように、幼帝即位にあたり母后《ぼこう》がその擁護をしたのである。

今一つは、文徳天皇の不予から清和天皇の即位にかけて、八月二十六日から十一月二十一日まで伊勢・近江・美濃の三関が固められ、宇治・与度・山崎が警固されたことである。平安時代以降、固関が三ヵ月の長きに及ぶのは異例のことであり、万全の態勢をもって臨んだといえよう。裏をかえせば、いかに清和天皇が血統上、皇儲にふさわしいとはいえ、弱冠九歳の天皇の即位は例のないことであり、それなりの抵抗や反対があったと推測される。これらはそれに対処するための措置であり、清和幼帝の即位は、それだけ政治的緊張をもって受けとめられていたのである。

二　貞観改元

朝賀の停止

翌天安三年、元日朝賀《がんじつちょうが》が諒闇《りょうあん》により停止された。諒闇とは、天皇が父母の死にあたり喪に服することをいう。この後、正月七日の白馬《あおうまの》（青馬）節会《せちえ》、十六日の踏歌《とうか》節会、十七日の観射《かんしゃ》（射礼《じゃらい》）、二月の釈奠《しゃくてん》など、国家的饗宴《きょうえん》として重要な節会・行事が立て続けに停止されている。前年から新嘗祭《にいなめさい》なども停止されており、結局、この年は五月五日の端午《たんご》節、九月の重陽《ちょうよう》節もすべて停止された。

即位報告の班幣

正月二十七日には京畿七道《けいきしちどう》諸神二百六十七社に進階《しんかい》が行われ、二月一日には伊勢神宮および五畿《ごき》七道諸神に即位の由《よし》を告げる班幣《はんぺい》が行われた。

改　元

そして四月十五日、改元が行われ、天安三年を貞観元年と改めた。明治《めいじ》以降、一世一元制の現代では、天皇の代替わりの時のみ改元され、天皇が死去した翌日に改められる。しかし、それ以前はさまざまな理由で改元が行われた。そもそも元号《げんごう》（年号）とは、紀元前二世紀に中国の漢《かん》（前漢）の時代に立てられたもので、皇帝（君主）が土地・人民などの空間のみならず、時間をも支配することを象徴したものであり、君主が定めた元号

「貞観」という年号

を使用することは、その支配する時間に組み込まれることを意味する。したがって、元号を改廃することは君主の専権であり、祥瑞《しょうずい》の出現や天変地異によっても改元が行われた。もちろん、天皇の代替わりにおいても改元は行われるが、この当時は、天皇が死去したその年は改元が憚られ、翌年に改元する踰年《ゆねん》改元が慣わしだった。

そこで年を越してから改元されたのだが、選ばれたのが「貞観」である。貞観という元号は、この二百年以上前、六二七年から六五〇年まで唐《とう》の二代目の皇帝、太宗李世民《たいそうりせいみん》の時に使われた元号である。太宗は政治的指導力にすぐれ臣下の直言《ちょくげん》もよく聞き、その治世は唐では理想的な政治が行われたとして、後世、「貞観の治」と褒め称えられ、後の玄宗《げんそう》皇帝の「開元の治」（七一三年—七四一年）と並び称されている。そして、貞観の治の約五十年後の八世紀初めに、太宗と臣下たちの政治問答を収めた『貞観政要《せいよう》』が著わされ、帝王学の指南書として後に尊重されるようになった。日本でも、九世紀末に成立したとされる『日本国見在書目録《にほんこくげんざいしょもくろく》』にこの書が載せられていることから、この時期には伝わっていたであろう。したがって、貞観が善政の行われたまことに縁起のよい元号であったことは、日本でも知られていたはずである。今回、貞観という元号が採用されたのは、それにあやかったであろうことは想像に難くない。

順子の東宮退去

十八日には皇太后の藤原順子が東宮から同母兄の右大臣藤原良相の西京三条に移った。順子は、前年八月の文徳天皇の死に際し、同月二十九日に皇太子を擁護するために同輿して冷然院から東宮に遷ったが、八ヵ月を経てそこを離れたわけである。ここで直接、五条宮に還らなかったのは、忌《いみ》を避けるためであった。同日、皇太后宮大夫《だいぶ》伴善男《とものよしお》をはじめ皇太后宮亮《すけ》三統真浄《みむねのまきよ》・皇太后宮大進《だいしん》御船彦主《みふねのひこぬし》の加階《かかい》（位を上げること）が行われ、また皇太后の御願《ごがん》により安祥寺《あんじょうじ》の年分度者《ねんぶんどしゃ》三人を置いた。そして順子が西京三条から五条宮に還ったのは、約一年後の翌年四月二十五日のことである。なお、この西京邸では、貞観八年に清和天皇が臨御《りんぎょ》して詩宴《しえん》が催されている。

饒益神宝

二十八日には、新銭の饒益神宝《じょうえきしんぽう》が定められた。七世紀末の富本銭《ふほんせん》以来、律令《りつりょう》国家では貨幣が鋳造《ちゅうぞう》され、和銅《わどう》元年（七〇八）の和同開珎《わどうかいちん》から天徳《てんとく》二年（九五八）の乾元大宝《けんげんたいほう》まで、十二種類の銭貨が鋳造されている。今回の饒益神宝はその八番目にあたり、嘉祥《かしょう》元年（八四八）の長年大宝《ちょうねんたいほう》以来の改鋳で、旧幣の十をもって新銭の一となすとしている。

ところで、当時の銭貨の発行は、流通という経済的目的よりも王権の支配理念の発露の性格が強かった。むろん、流通の促進も図られたが、それも銭貨が浸透することによって王権による支配地域への教化、すなわち天皇による国家統合の実現という側面を有

表　古代に発行された銭一覧

7世紀後半		富本銭
和銅元年	(708)	和同開珎
天平宝字6年	(760)	万年通宝
天平神護元年	(765)	神功開宝
延暦15年	(796)	隆平永宝
弘仁9年	(818)	富寿神宝
承和2年	(835)	承和昌宝
嘉承元年	(848)	長年大宝
貞観元年	(859)	饒益神宝
貞観12年	(870)	貞観永宝
寛平2年	(890)	寛平大宝
延喜7年	(907)	延喜通宝
天徳2年	(958)	乾元大宝

饒益神宝

していた。このように、貨幣の改鋳は王権の更新と威光を示すことになるのである。

　また、今回の改鋳は改元にともなって行われているが、十二種の銭貨のうち改元に関連して発行されたものは、承和《じょうわ》昌宝《しょうほう》（承和改元〈八三四〉の翌年）・長年大宝（嘉祥改元〈八四八〉）・饒益神宝（今回）・寛平《かんぴょう》大宝《たいほう》（寛平改元〈八八九〉の翌年）・乾元大宝（天徳改元〈九五七〉の翌年）の五種もある。改元も銭貨発行もいずれも君主の専権であり、天皇の支配を象徴するものである。したがって、饒益神宝は清和天皇の即位を最大の要因として鋳造が決定されたものといえる。そして、十月二十八日に鋳銭司《じゅせんし》が新たに鋳造された饒益神宝を奉り、諸名神社ならびに諸山陵に奉納され、親王以下に下賜された。

翌年四月十一日にも新銭三万が侍従《じじゅう》の厨《くりや》に下賜されている。

貞観改元といい新銭鋳造といい、幼帝即位による不安を払拭し、新政権の新たなスタートを正統化するための措置だったといえよう。

文徳天皇の一周忌

文徳天皇の一周忌となる八月には、二十一日から五ヵ日を限り、皇太后藤原順子が六十僧を双丘寺《そうきゅうじ》に屈請《くっしょう》して法華経《ほけきょう》を講じ、二十七日には親王公卿以下五位以上が参集して周忌御斎会が修された。

大嘗祭

十一月十六日にはいよいよ大嘗祭《だいじょうさい》が執り行われた。大嘗祭は天皇が即位して初めて行う新嘗祭であり、宗教的な即位儀礼の性格を有した最大規模の宮中祭祀であった。天皇の即位が七月以前ならばその年に行い、八月以降ならば翌年に挙行されることになっていた。今回は、文徳天皇の死去が前年の八月二十七日、清和天皇の即位式が十一月七日だったので、翌貞観元年に行われたのである。

まず、貞観改元が行われた四月十五日に、神祇官《じんぎかん》で三河《みかわ》国播豆《はず》郡を悠紀《ゆき》、美作《みまさか》国英多《あいだ》郡を主基《すき》と卜定《ぼくじょう》した。悠紀・主基とは、大嘗祭で使われる稲と酒を供給する国郡で、卜定されると八月に抜穂使《ぬいぼのつかい》が派遣され、初穂が献上されることになっていた。九月三日には、天皇自らが北辰《ほくしん》（北極星）に灯火《とうか》を捧げて国土安穏を祈る儀式である御燈《ごとう》が大《だい》嘗《じょう》会《え》のために停止された。十日には朱雀《すざく》門前で大祓が行われ、二十一日は大嘗会の御《み》装束司《しょうぞくし》や鹵簿《ろぼ》・次第司《しだいし》などが定められた。三十日には大嘗祭の場となる朝堂院（八省院）で大祓が行われたが、雨のためその東廊で行われている。十月十五日には神祇官が羅《ら》城《じょう》門前で祭事を修し、二十一日には清和天皇が鴨川《かもがわ》に行幸《ぎょうこう》し御禊《ごけい》が行われた。そして十一月十六日に、朝堂院斎殿《さいでん》で清和天皇自ら大嘗祭を挙行したのである。

大嘗祭は一般に、十一月の二番目の卯日《うのひ》に斎殿で天皇が神事に供奉《ぐぶ》し、翌辰日《たつのひ》から三日間、饗宴が催されさまざまな芸能が披露されることになっていた。今回も、十一月十六日は二番目の卯日にあたり、翌十七日には豊楽院《ぶらくいん》で辰日節会が行われ、まず悠紀帳において群臣を宴《えん》し、続いて主基帳に移って宴が行われた。続く十八日にも同じく宴が催され、十九日には悠紀・主基両帳が撤去されたが、天皇が豊楽殿広廂に出御して五節《ごせちの》舞《まい》をはじめ田舞《たまい》・久米舞《くめまい》・吉志舞《きしまい》・倭舞《やまとまい》が奏され、詔を発して叙位が行われた。二十日には悠紀・主基二国を慰労する詔が宣《せん》され、叙位が行われた。そして三十日に、大嘗祭の斎を解く大祓が朱雀門前で行われ、大嘗祭に関する一連の行事が終了した。こうして、清和天皇は即位式に匹敵する宗教儀礼をも経たのである。

清和天皇初期の廟堂

十二月二十一日には任官が行われ、中納言《ちゅうなごん》の源定《さだむ》と源弘《ひろむ》が大納言、清原岑成《きよはらのみねなり》を参《さん》議《ぎ》に列している。この年の四月二十三日には大納言安倍安仁が六十七歳で、五月一日には参議藤原貞守《さだもり》が六十二歳で死去しており、これによって廟堂《びょうどう》の人員は、

太政大臣　藤原良房
左大臣　源信
右大臣　藤原良相
大納言　源定・源弘
中納言　橘《たちばなのみねつぐ》峯継
権中納言　平《たいらのたかむね》高棟
参議　伴善男・源融《とおる》・源多《まさる》・藤原氏宗《うじむね》・藤原良縄《よしただ》・清原岑成

となり、これが清和天皇治世初期の陣容となるのである。依然として、嵯峨源氏《げんじ》が五人と多数を占めている。

受菩薩戒

なお、この貞観元年に、清和天皇は延暦寺座主《えんりやくじざす》の円仁《えんにん》から内裏で菩薩戒《ぼさつかい》を受けており、そのことは『日本三代実録』貞観六年正月十四日条の円仁の卒伝《そつでん》に記されている。受戒《じゅかい》とは、仏教を奉ずる者が守るべき戒律《かいりつ》を授かり、それに従うことを誓うことをいう。円仁は最澄《さいちょう》の弟子で、承和五年（八三八）にいわゆる承和の遣唐使《けんとうし》に随行して唐に渡り、そ

の行動は自身の記した日記『入唐《にっとう》求法《ぐほう》巡礼《じゅんれい》行記《こうき》』に詳しい。多くの経典を携えて承和十四年に帰国し、死の二年後、慈覚大師《じかくだいし》号を贈られている。

その『慈覚大師伝《じかくだいしでん》』によれば、清和天皇はこれに先立ち、皇太子時代の斉衡三年に藤原良房・藤原明子とともに円仁から灌頂《かんじょう》を授けられたという。灌頂とは、密教《みっきょう》で諸仏《しょぶつ》大悲《だいひ》の智水《ちすい》を弟子の頂上に注ぎ、即身成仏《そくしんじょうぶつ》の証しとすることである。平城上皇・嵯峨天皇・淳和《じゅんな》天皇は空海《くうかい》から灌頂を授けられ、清和天皇の父文徳天皇も斉衡三年に円仁から両部灌頂を授けられており、平安初期には、天皇は仏法による護持を受けることで、四海の平安や国家の鎮護を目指したとされる。清和天皇が灌頂を受けたのは、七歳という年齢からいって本人の意志とは思われず、幼い皇太子を仏法によって擁護し、良房と明子がその後見となることを確認するものであったという。そしてここで菩薩戒を授かったのは、初の幼帝として即位した清和天皇の体制作りの一環として、菩薩である清和天皇を諸天善神に擁護させることなどが目的の一つであったと指摘されている（河上麻由子「清和天皇の受菩薩戒について」）。

石清水八幡宮の創祀

　貞観二年は、正月元日の朝賀は廃されたが、諒闇が明け、元日節会・七日の白馬節会・十六日の踏歌節会は清和天皇が出御して行われた。この後、幼帝であっても百官が

石清水八幡宮

参集する国家的饗宴には出御し続けるのである。正月十六日には、伴善男が参議から中納言に任じられ、春澄善縄《はるずみのよしただ》が新たに参議に任じられたが、十月二十九日には、中納言の橘峯継が五十七歳で死去している。

この年、石清水八幡宮《いわしみずはちまんぐう》が創祀された。石清水八幡宮は山城国石清水男山峰《おとこやまみね》に鎮座し、平安時代中期に二十二社が整えられるなかで、伊勢神宮に次いで重んじられた神社であり、中世には多くの荘園を領したことでも知られる。『石清水八《いわしみずはち》幡宮《まんぐう》護国寺《ごこくじ》略記《りゃっき》』によれば、それを筆録した大安寺《だいあんじ》僧の行教《ぎょうきょう》が日頃から八幡大菩薩を奉拝《ほうはい》したいと考え、貞観元年に豊前国《ぶぜんのくに》宇佐八幡宮《うさはちまんぐう》に参拝し、四月十五日から七月十五日まで昼は大乗経《だいじょうきょう》を転読し、夜は真言《しんごん》密教を誦念《じゅねん》した。するとそれに感応《かんのう》した八幡神《はちまんしん》は、「都の近くに移り坐《ま》して国家を鎮護すべし」と行教に示した。行教がこれを奏上《そうじょう》すると、勅使が派遣されて実検点定《てんじょう》がなされ、六宇の宝殿を建立し八幡神が奉安《ほうあん》されたという。

宗教面から正統性を補強

これが石清水八幡宮創祀の縁起とされているが、一般には、行教の宇佐八幡宮派遣は清和天皇即位のための祈勅使《きちょくし》であり、八幡神が平安京に近接する石清水に勧請《かんじょう》された本来の目的は、異例であった幼帝即位を正統化し、皇位継承の正統性を強調するためであったとし、さらに、その背景に藤原良房の政権掌握の意図があったと考えられている（小倉暎一「石清水八幡宮創祀の背景」）。ほかに、九世紀中葉の宮廷社会・宗教世界が、天皇個人との繋がりを重視するあり方に傾斜していったことと関連づける指摘もある（吉江崇「石清水八幡宮寺創祀の周辺」）。ただし、政権掌握という良房の個人的野心まで読み取れるかは疑問であり、あくまでも神威によって清和天皇の即位を権威づけることが第一義だったのではなかろうか。

このように、清和天皇の即位当初は、幼帝という異例の事態に対し、その皇位と皇統を正統化する試みが宗教面からもなされたのである。

順子の良房邸臨御と出家

翌貞観三年正月十三日には、藤原氏宗が参議から中納言に任じられ、正躬王《まさみおう》が後述する承和十三年の僧善愷《ぜんがい》訴訟事件で解任されて以来、参議に復帰している。一方、二月二十九日には参議の清原峯成が六十三歳で死去している。

二月十八日に皇太后藤原順子が、兄の太政大臣藤原良房の東京染殿第《ひがしのきょうそめどのてい》に臨御し、盛大な宴が催され、皇太后が本宮に戻ったのは夜分の後であった。そのことにより、翌日には良房の家人《けにん》に叙位が行われた。染殿第は平安京の左京北辺四坊七町に位置しており、清和天皇の母藤原明子が、その里第《りてい》にちなみ「染殿后《そめどののきさき》」と呼ばれていることは前述した。なお二十九日には、皇太后は五十三歳で落飾入道《らくしょくにゅうどう》している。この時、順子に菩薩戒と灌頂を授けたのも延暦寺座主の円仁である。

大仏の首落下

三月十四日に、東大寺《とうだいじ》において盛大な大毘盧遮那仏《だいびるしゃなぶつ》の供養会《くようえ》が行われた。この毘盧遮那仏とは、周知のように、聖武《しょうむ》天皇が天平《てんぴょう》十五年（七四三）に発願《ほつがん》し、天平勝宝《てんぴょうしょうほう》四年（七五二）に開眼会《かいげんえ》を行った東大寺の大仏のことである。ところが、文徳天皇在位中の斉衡二年五月二十三日に、頭が自然に傾き首が落ちてしまうという事態が起きた。そこで、その年のうちに、修理東大寺大仏司に真如法親王《しんにょほっしんのう》が任じられ、修理が開始された。真如法親王とは平城天皇の皇子《おうじ》で、一時、皇太子にも立てられた高岳《たかおか》親王のことである。薬《くす》子《こ》の変で廃太子《はいたいし》された後、出家して真如法親王となっていた。なお、真如法親王は貞観四年に入唐《にっとう》し、さらにインドに渡ろうとして、羅越国《うすものこしのくに》（マレー半島南・シンガポール付近）で虎害、すなわち虎に襲われて死去したと伝えられている。この修理の目途がたったのであろうか、貞観二年四月八日には大仏供養会のことが定められている。その大仏修理は貞観三年正月二十一日に終わり、三月十二日には大仏を修理した斎部文山《いんべのふみやま》をその功によって従八位下《じゅはちいのげ》から従五位下《じゅごいのげ》に叙した。翌十三日からは三日間、大仏供養のため百官に魚肉を断たせている。

東大寺大仏供養会

そしていよいよこの日、開眼会が行われたのであり、その模様は『日本三代実録』に詳しく記されている。それによれば、治部卿《じぶきょう》賀陽《かや》親王以下十人が派遣され、会のことが監修された。開眼仏師が籠《かご》に入り轆轤《ろくろ》で引き上げ大仏の眼を点じ、その荘厳《そうごん》さは記し載せることができないとしている。殿廊《でんろう》の柱は錦で刺繍され、壇場《だんじょう》の上には朱《しゅ》や紫の敷物を敷いた。七宝樹を懸けて庭の際まで遶《めぐ》り植え、幡蓋《ばんがい》を装飾し、その麗しさは人の目を奪うものであった。唐・高麗《こうらい》・林邑《りんゆう》の楽が奏せられて倭舞・東舞《あずままい》が舞われ、後に梵唄《ぼんばい》（経文の詠唱）が響いた。大仏殿の第一層の上に棚閣《ほうかく》を構え、舞台が施され、天人天女が美しい裳裾《もすそ》をまとい、音が空にかまびすしく響き、南北両京の貴賤士女が街に溢《あふ》れ視ない者はいなかったという。なお、呪願文《じゅがんもん》は菅原是善《すがわらのこれよし》に作らせた。是善は文徳天皇の皇太子時代に東宮学士《とうぐうがくし》を勤めた人物である。菅原氏《すがわらし》は代々学者の家で、この是善は、宇多《うだ》天皇の信任を得て醍醐《だいご》天皇の時に右大臣まで昇りつめた菅原道真《みちざね》の父である。

この時、清和天皇の行幸の記事はみられず、自身が奈良東大寺に赴いて立ち会ったわけではない。しかし、清和天皇は譲位後、出家して厳しい修行生活に入っており、前述した受灌《じゅかん》や受戒、そしてこの時の法会《ほうえ》がその宗教的精神、仏教への傾倒に影響を与えたと考えるのは穿《うが》ち過ぎであろうか。

暦の変遷

六月十六日には宣明暦《せんみょうれき》が頒行《はんこう》された。日本に暦が入ってきたのは、推古《すいこ》十年（六〇二）十月に百済《くだら》僧の観勒《かんろく》が暦術をもたらした時である。初めて暦が用いられたのは、持統《じとう》四年（六九〇）の元嘉《げんか》暦で、次いで儀鳳《ぎほう》暦が用いられた。それから、天平宝字《てんぴょうほうじ》七年（七六三）に大《だい》衍《えん》暦に改められる。その後、宝亀《ほうき》十一年（七八〇）に帰国した遣唐使が五紀《ごき》暦をもたらすと、天応《てんおう》元年（七八一）にそれに依拠して暦を作るよう勅《ちょく》が出されたが、それを習学するものがなく、なお大衍暦が用いられた。斉衡三年に、大衍暦が用いられてから百年になるので五紀暦を用いるよう申請がなされ、大衍暦と五紀暦が併用されることとなった。

朔旦冬至

しかし、暦も年月を経ればずれが生じるようになる。たとえば、前年の貞観二年は朔《さく》旦冬至《たんとうじ》にあたる年であった。朔旦冬至とは、十一月一日が冬至になることで、旧暦の太陰太陽暦では十九年に一度めぐってくる。冬至は昼が最も短い日であるが、逆に太陽の復活する日、生まれ変わる日として祝う習慣が世界各地でみられる。中国でも、歳首《さいしゅ》として正月元日と同様に宮中で祝賀の行事が行われた。これに対し日本では、奈良時代の聖武天皇治世の初期に宮中で祝賀行事と饗宴が催されたことがあったが、宮中行事としては定着しなかった。

一方、延暦三年以降、朔旦冬至が宮中行事として定着した。延暦二十二年・弘仁《こうにん》十三年（八二二）・承和八年と朔旦冬至が祝われ、この貞観二年も朔旦冬至になるはずであった。ところが、この年は暦がずれて十一月二日が冬至にあたった。十九年に一度の朔旦冬至が崩れてしまったのである。朔旦冬至は、二十四節気《にじゅうしせっき》の冬至と十一月一日とが重なることから、暦作成の起点ともされていたのであり、これがずれてしまうのはまことに不都合であった。そこで、閏十月二十三日から二十五日にかけてこのことが議論され、大の月と小の月とを入れ替えて、冬至が十一月一日にあたるようにし、十九年に一度の朔旦冬至が守られたのである。なお、日本では、冬至当日の一日に賀表《がひょう》の奉献《ほうけん》と饗宴が行われた後、新嘗祭翌日の辰日節会において冬至の詔が出され、赦宥《しゃゆう》と叙位が行われる二段階構成であり、この年もそのように執り行われている。

宣明暦の頒行

ところで、その前年の貞観元年に、渤海客使《ぼっかいきゃくし》烏孝慎《うこうしん》が能登《のと》国珠洲《すず》郡に来着している。この時は諒闇により、渤海客使を加賀《かが》国に遷して安置し、入京させることはなかった。それでも渤海国王の啓書《けいしょ》や中台省牒《ちゅうだいしょうちょう》、信物《しんもつ》がもたらされ、天皇から渤海国王への勅書や、太政官《だいじょうかん》から中台省への牒が下され、烏孝慎に絁《あしぎぬ》を賜っている。そうしたなかで、烏孝慎によって宣明暦が献上され、唐では新たにそれが用いられていることが告げられた。そこで、日本でも宣明暦を用いることとし、貞観四年から施行されることになったのである。このタイミングで宣明暦がもたらされたのが偶然とはいえ、ここで新暦を頒行することとは、清和天皇の即位によって治世が刷新されるのを印象づけることになったのではなかろうか。なお、前述のようにこれまで何度も改暦がなされてきたが、この宣明暦は定められてから八百年以上も使用されていくことになる。次に改暦されるのは、江戸時代の天文学者渋川春海《しぶかわはるみ》（安井算哲《やすいさんてつ》）が、貞享《じょうきょう》元年（一六八四）に元《げん》の授時《じゅじ》暦をもとに貞享暦を作成した時である。

伊勢斎王の発遣

九月朔日《さくじつ》には右大臣藤原良相と尚侍《ないしのかみ》源全姫《またひめ》を八省院に遣わして、伊勢斎内親王《いつきないしんのう》を発遣する儀式が行われた。伊勢斎内親王とは一般に伊勢斎王《さいおう》といい、天皇の代替わりご

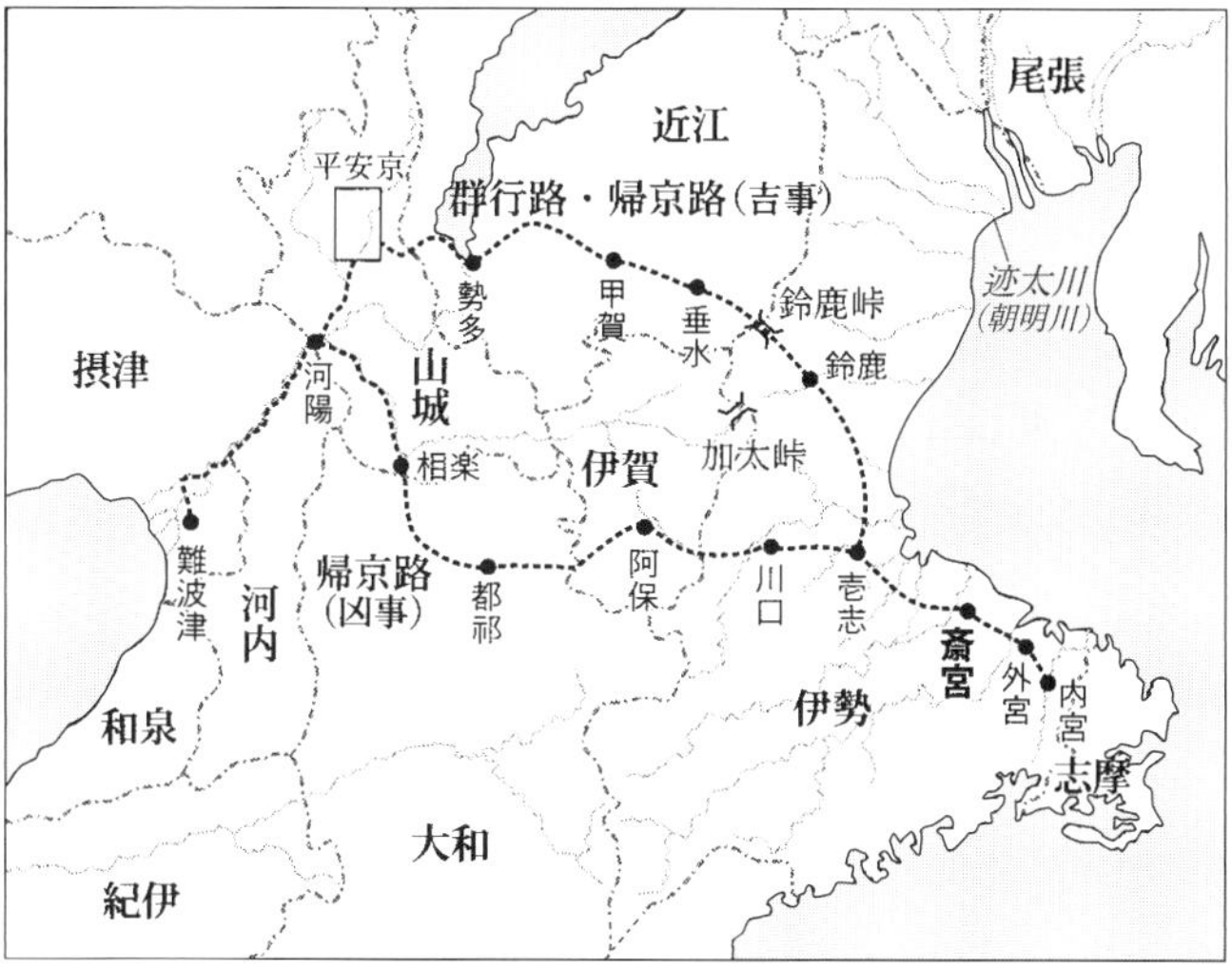

伊勢斎王の群行経路

（榎村寛之『斎宮』〈中公新書〉中央公論新社，2017年，26頁より）

とに未婚の皇女《こうじょ》から選ばれ、伊勢の斎宮《さいぐう》に派遣されてその天皇一代の間、天皇の代わり（御杖代《みつえしろ》）に伊勢神宮に仕える女性のことである。この時、斎王に選ばれたのは清和天皇の異母姉妹で、惟喬親王の同母妹であった恬子《てんし》内親王であった。この斎王発遣の儀について、仮宮《かりみや》での潔斎《けっさい》を経た斎王に、大極殿で天皇自らが小櫛《おぐし》を挿すことが『西《さい》宮記《きゅうき》』など後の儀式書にみえる。それが「別れの御櫛《みぐし》」と呼ばれたことは文学の世界でも有名であるが、その所作は十世紀になってからみられるものである。またこの時、清和天皇は八省院に赴いていないが、それについては後述することとする。

『伊勢物語』の伊勢斎王

さて、伊勢斎王恬子内親王といえば、『伊勢物語《いせものがたり》』第六十九段以下の話で知られる。それを要約すると、以下のようになる。

昔、男（在原業平《ありわらのなりひら》）が伊勢国に狩の使いに行ったところ、伊勢斎宮（恬子内親王）が親に「男を普段の使いよりよくお世話するように」と言われていたので、たいそう手厚くもてなし、住いにも招いたのだった。二日目の夜、男は斎宮に「お逢いしたい」といい、女（斎宮）も逢うまいと思っているほどではなかったが、人目も多くなかなか逢えない。すると、人の寝静まった子一刻（午後十一時半頃）、女の寝室近くに泊まっていた男のもとに、女の方からやってきた。男は眠れずに外を見やっていたところ、小さな女子を先に立てて女が立っていたので、嬉しくて女を自分の寝所に連れて行って、丑三刻（午前二時半頃）まで一緒にいた。しかし、しんみり語り合うほどまでいかず女が帰ってしまったので、男は悲しくなってその夜は一睡もできなかった。翌朝、男は女のことが気になったが、自分から使いを出すことができず落ち着かずにいたところ、女のもとから、

君や来し　我や行きけむ　思ほえず　夢か現実《うつつ》か　寝てか醒《さ》めてか

在原業平の嘆き

（あなたがいらっしゃったのか、私から伺ったのか、はっきり頭に浮かんでまいりません。昨夜のことは夢でのことなのでしょうか、実際のことなのでしょうか、寝ているうちのことだったのでしょうか、醒めているときのことだったのでしょうか）

との歌が来たので、激しく泣いて、

かきくらす心の闇にまどひきに　夢現実とは今宵定めよ

（昨夜は、お逢いできた喜びに浮かれ、すぐに満ち足りぬままにお別れして、いやがうえに心は乱れ、真っ暗な闇に惑うありさまでした。あれが夢のことなのか、実際のことなのか私にも分かりませんので、今晩おいでのうえはっきりなさってください）

と詠んで送って狩に出かけた。

ただ女に逢うことだけで頭がいっぱいで、昨夜は中途半端だったが、今夜こそは人を早く休ませて、少しでも早く逢おうと思っていた。しかし、伊勢国守で斎宮《さいぐう》寮《りょう》の長官を兼任している人が、狩の使いが滞在していると聞いて夜通し酒盛りをしたものだから、全然、密会などしようもない。夜が明けたら、尾張《おわり》国に向けて出発することになっていたので、男は人知れず悲しさつらさで血の涙を流した。とうとう逢えず、夜も明けようとするところ、女のところから出す盃《さかずき》を載せる皿に、

在原業平のもとを斎王が訪ねる場面（『伊勢物語絵巻』斎宮歴史博物館蔵）

歌を書いて差し出してきたので、取ってみると、

徒歩《かち》人の渡れど濡れぬえにしあれば

（江は江でも徒歩の人が渡っても濡れることのない浅い江、それと同じように浅い御縁でしたので）

と書いてあって下の句はない。そこで、その盃の皿に松明《たいまつ》の燃えかすの炭で歌の下の句を書きつけた。

また逢ふ坂の関は超えなむ

（きっとまた逢坂の関を超えてお伺いし、その名のようにお逢いしにまいりましょう。今度はお逢いできることでしょう）

斎宮は清和天皇の御代《みよ》で、文徳天皇の内親王、惟喬親王の妹である、と最後に断り書きされている。これは『伊勢物語』の書名のもとになった、核となる話である。二人の密会の真偽はさておき、『古今和歌集《こきんわかしゅう》』巻第十三、恋歌三、六四五・六四六番にも在原業平と「斎宮なりける人」との贈答歌が収録されており、この話は平安中期には宮廷に流布していたらしい。

三　新制と御霊会

貞観前期の民政

さてここで、貞観前期のおもに民政の諸問題についても触れておきたい。

貞観四年になると、三月二十六日には租税・徭役《ようえき》について畿内《きない》五ヵ国に次のような詔が出された。まず、今まで段別一束《そく》五把《わ》であった田租《でんそ》をさらに一束五把増やして三束とし、逆に、今まで年三十日であった雑徭《ぞうよう》を二十日復《ふく》（免除）して十日とし、さらに出挙《すいこ》を停止する。これを三年に限って試験的に行うというものである。一般的に、養老田《でん》令《りょう》田長条の「段租《たんそ》稲二束二把」との規定から、田租は段別二束二把と理解されているが、慶雲《けいうん》三年（七〇六）に早くも一束五把に改定されている。ただし、これは単位の変更に即したもので、租稲《そとう》の量が変更されたわけではない。また、雑徭も養老賦役令《ぶやくりょう》雑徭条に「惣《す》べて六十日に過すこと得じ」とあり、正丁《せいてい》の国衙《こくが》労働は六十日を上限としていた。それが、天平宝字元年の橘奈良麻呂《ならまろ》の変に際し、藤原仲麻呂《なかまろ》によって一時、三十日に半減された。これはほどなく六十日に戻されるが、延暦十四年に桓武天皇によって再び三十日に半減されたのである。そして今回、田租を倍に増徴するかわりに、雑徭を三十日から三分の一の十日に減らしたのである。

ここで注目すべきは、雑徭の不足した分は「便《すなわ》ち租稲を以て功食《こうしょく》に充つ」とあるように、増徴した田租を財源に功食を支給して労役を雇う雇役《こえき》によって補おうとしたことである。すなわち、今回の政策の背景に、功食を支給しなければ、徭役労働の制度が維持し得ないような限界の状況にきていたことがみてとれるのである。この政策は当時「新制」と呼ばれたので、民政研究の面では貞観新制などとして注目されてきた。ただし、村上《むらかみ》天皇の天暦《てんりやく》期に始まる過差《かさ》（華美な贅沢）を禁じるいわゆる後世の公家新制とは区別されるものである。

新制のゆくえ

さて、この政策はその後どのように展開していったのかをみてみたい。

四月十五日に、国庫の欠乏、財政収支の不均衡、税の欠負《かんぷ》など地方政治に対する行き詰まりから、参議以上に時政《じせい》を論じさせ、世俗の得失を詳《つまび》らかにせよとの詔が下され、心を一にして律令制を維持・再建しようとしたのである。この諮問《しもん》をうけてようやく上表されたのが、十二月二十七日の右大臣藤原良相の上表である。それによれば、諸国が乱れないのは有能な地方官である良吏《りょうり》が治めるからであり、逆に良吏がいなければいかに厳しく刑罰を加えようとも乱れをとどめることはできないとし、具体的には、明《みょう》経《ぎょう》・秀才《しゅうさい》に及第した者に古今の事例を調べさせること、仏教の力に頼ること、そして右大弁《うだいべん》南淵年名《みなぶちのとしな》・山城守紀今守《きのいまもり》・伊予《いよ》守豊前《とよさき》王・大宰大弐《だいに》藤原冬緒《ふゆお》・大和《やまと》守弘宗《ひろむね》王に意見を提出させることを提言している。彼らは当時、いわゆる良吏として認識されている者たちであった。

雑徭二十日

その一年以上がたった後、貞観六年正月、清和天皇が元服《げんぷく》した直後の七日の白馬節会の詔に、「天下の百姓《ひゃくせい》の徭役十日を免《ゆる》し賜う」とあり、それをうけて二日後の太政官《だじょうかん》符《ぷ》では、徭役の十日を復（免除）す、すなわち雑徭を三十日から二十日とすると定めている。

紀今守の上言

そして、貞観六年正月二十八日に紀今守の三事の上言がなされた。今守は、貞観四年十二月の藤原良相の上表において名前が挙がった一人である。ところがその上言の内容は、正税《しょうぜい》を出挙すること、田租を減徴《げんちょう》すること、民徭《みんよう》を増加することであった。貞観四年三月二十六日の詔では、田租を二倍に増徴するかわりに雑徭を三十日から十日に減らし、出挙を停止するというものであった。これに対し今回の今守の上言では、田租を減らして出挙を復活し、そして雑徭は正月九日の太政官符にあるように二十日とするものであった。さらに、民間では「当今の新制を嫌」っているので、「旧法に復す」ことが民望にかなうことであるとし、貞観四年の詔を否定しているのである。

その理由として、田租が予想より増加しなかったため、出挙を停止したことによる不足を補うことができず、また、雇役を増やすことで農民の休息をなくし、官物《かんもつ》がいたずらに減ることを挙げている。すなわち、収穫量の多い田が少なく、収穫量の低い田を賃《ちん》租《そ》する農民がいなかったのであり、このことは、公の田地よりも在地の土地所有者との関係の方が農民にとって有利であったことを示している。また、雇役という形であるにせよ、結局は徭役労働を増やすことになり農民の負担は変わらず、逆に、功食を支給することによって官物が減少するだけになってしまうという不安が表れている。

その後、この今守の上言は勅によって許可される。結局、貞観新制は失敗に終わったことになるが、限界にきていた律令制的な徭役制度を維持・再建することが想定以上に困難となってきていたことがうかがわれるのである。

海賊追捕

なお、二年前の貞観四年五月二十日には、山陽道《さんようどう》・南海道《なんかい》諸国に海賊追捕《ついぶ》を命じている。瀬戸内海の海賊といえば、十世紀前半の紀貫之《つらゆき》の『土佐日記《とさにっき》』の記述や、藤原純友《すみとも》の乱で有名だが、この時期にはすでに活動がみられる。平安時代になって瀬戸内海の私船の船舶航行量が増加することにより、海賊行為が横行するようになった。彼らももともと海上輸送に従事していた者たちと考えられるが、船舶を襲うようになり、さらに陸上の物資集積所をも襲撃し、掠奪することもあった。この貞観期から、海賊追捕の命がしばしば出されるようになる。なお、海賊は水軍の性格を有するようになっていく。

咳逆病の流行

貞観五年にはいると、正月三日に大納言源定、十九日に平城天皇の皇女大原《おおはら》内親王、二十一日に嵯峨上皇の皇女純子《じゅんし》内親王、二十五日には大納言源弘や淳和上皇の皇女統《むね》忠子《ただこ》が立て続けに死去している。前年冬からこの月にかけて、平安京や畿内・畿外において咳逆病《がいぎゃくびょう》（インフルエンザか）が猛威を振るい、多くの死者が出た。前年の七月二十三日には、大唐商人李延孝《りえんこう》ら四十三人が来航し、大宰府にとどめおかれており、必ずとはいえないが、外国使節や商人の来航が疫病《えきびょう》の流行と関係することはしばしばみられることである。なお、唐との関係をいえば、実質的に最後の遣唐使になった承和五年以降、派遣は途絶えていたが、唐・新羅《しらぎ》の商人は盛んに往来し、李延孝は、貞観七年七月二十七日にも六十二人をともなって来着している。

このほか正月だけでも、五日に藤原興邦《おきくに》、十一日に清原瀧雄《たきお》、二十日に滋善宗人《しげよしのむねひと》、二十二日に棟氏王《むねうじ》の死を確認することができ、二十七日には御在所《ございしょ》・建礼門・朱雀門において災疫を攘《はら》うために大祓が行われた。三月四日には、七道諸国の名神に班幣し祈っており、十五日には五畿七道諸国に詔して、経典を講説し転読させている。すべてが咳逆病と限るわけではないが、それでも四月十五日に良岑清風《よしみねのきよかぜ》、五月朔日に参議の正躬王、十九日には尚蔵《くらのかみ》の菅野人数《すがののひとかず》がさらに死去している。議政官《ぎせいかん》の源定は四十九歳、源弘は五十二歳、正躬王は六十五歳であった。

そこで、五月二十日に神泉苑《しんせんえん》において御霊会《ごりょうえ》が修された。神泉苑は、平安京大内裏のすぐ南、朱雀大路の東に位置する庭園で（二一頁の図参照）、五月五日の相撲節《すまいのせち》や九月九日の重陽節が行われたり、祈雨《きう》の法会が開かれたりする風光明美な施設であった。御霊会とは、御霊が祟りをなすのを鎮めるための法会である。この時は、左近衛中将《ちゅうじょう》藤原基《もと》経《つね》・右近衛中将藤原常行《つねゆき》に会を監事させ、王・公卿らが集まり観覧した。六人の御霊の座《ざ》が設置され、律師慧達《りっしえたつ》を講師として金光明経《こんこうみょうきょう》一部・般若心経《はんにゃしんぎょう》六巻が演説された。雅楽寮《ががくりょう》の伶人《れいじん》に命じて楽を奏させ、天皇に近侍する児童および良家の稚子《ちご》を舞人《まいびと》として、唐・高麗の舞を舞わせて、雑技・散楽《さんがく》などの芸能を競って尽くさせたという。宣旨《せんじ》によって神泉苑の四門を開き、都邑《とゆう》の住民の出入りと観覧も許している。

この時に祀られた六人の御霊とは、早良親王・伊予《いよ》親王・藤原吉子《きっし》・藤原仲成《なかなり》・橘逸勢《たちばなのはやなり》・文室宮田麻呂《ふんやのみやたまろ》である。早良親王は、桓武天皇の皇太弟《こうたいてい》であったが、長岡京遷都にあたり、延暦四年の造長岡宮使藤原種継《たねつぐ》の暗殺事件の首謀者として捕らえられ、

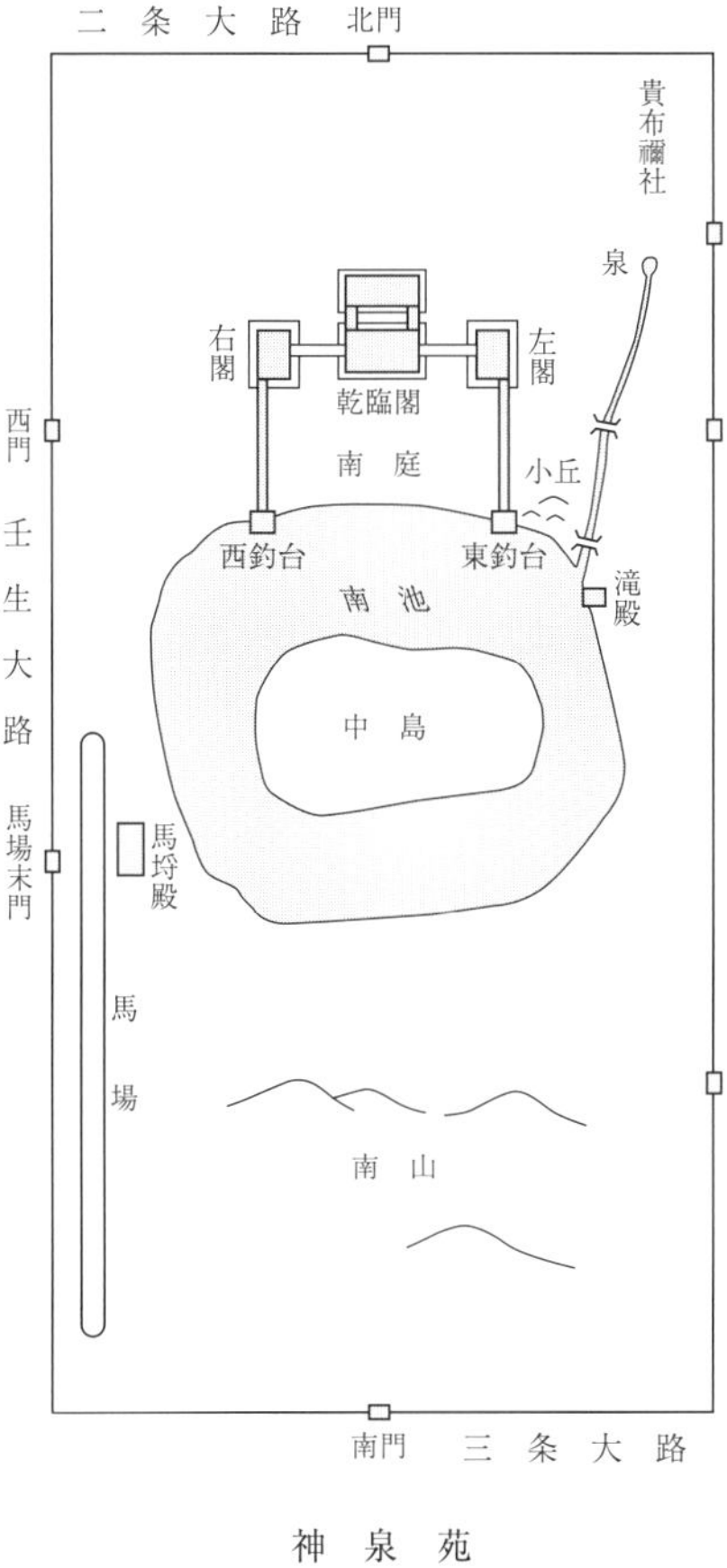

神泉苑
(古代学協会・古代学研究所編『平安京提要』角川書店, 1994年, 227頁より)

現在の神泉苑

親王は罪を認めず悲憤のうちに没した。伊予親王は桓武天皇の皇子で、その母の藤原吉子は南家《なんけ》の出身である。平城天皇治世の大同《だいどう》二年（八〇七）、藤原宗成《むねなり》が親王に謀叛《むほん》を勧めたことから、伊予親王・藤原吉子母子は捕らえられ、無実を主張したものの飲食も与えられず、毒を仰いで自殺したという。藤原仲成は藤原種継の子で平城上皇に仕えた尚侍藤原薬子《くすこ》の兄であり、弘仁元年の薬子の変に際し、嵯峨天皇側によって射殺されている。橘逸勢は能書家《のうしょか》としても知られるが、承和九年の承和の変で、謀叛を画策したとして流罪となっており、下向途中に死亡している。そして、文室宮田麻呂は筑前《ちくぜん》守となったが新羅商人張宝高《ちょうほうこう》と私的交易を行い解任され、承和十年に謀叛を企てていると密告されて流罪となっている。

いずれも冤罪の可能性が指摘されている者たちであるが、これら非業の死をとげた者たちが祟りをなし、疫病を流行らせたと認識されたのであり、そこで、それを鎮めるために神泉苑で盛大な御霊会が開かれたのである。これを藤原良房による清和天皇の権威づけのための演出とみる向きもあるが（瀧浪貞子『藤原良房・基経』）、それ以前に疫病流行による動揺を鎮静化させることこそが喫緊《きつきん》の課題だったのではなかろうか。この貞観御霊会は、疫気を鎮めるために後世行われた各種の御霊会の先蹤となったと位置づけられている。なお、二十二日には、清和天皇が東宮雅院《がいん》に御して神泉苑の御霊会の舞童を召見し、雅楽寮に音楽を奏させている。

北陸の大地震

しかしながら、六月十七日には越中《えっちゅう》・越後《えちご》等の国で大地震が起き、山谷の崩壊をともなう大規模な土砂災害、液状化現象、民家の倒壊による多数の圧死者、活発な余震活動がその後、毎日続いた。

このように、貞観前期においては、徭役制度の限界や疫病の流行、地震など、民政に深刻な問題を抱えていたことは事実である。

良房六十の賀

この貞観五年、清和天皇の外祖父藤原良房は齢六十に達した。そこで十月二十一日には、清和天皇が良房を内殿に宴し、六十の賀を執り行った。衣服などの贈物がなされ、官人の六十歳以上の者に宴飲を賜り、太政大臣の家令《かれい》や縁者に叙位も行われた。娘の中宮藤原明子も良房の六十を賀して、十一月二十六日には、太政大臣の染殿第において斎《さい》会《え》を設け三日を限り大乗経を演じ、十二月二十四日には、親王以下五位以上を侍して宴を開いている。

四　元　服

清和天皇の元服

貞観六年に清和天皇は十五歳に達し、正月朔日に元服の儀を執り行った。しかし、それまで首皇子《おびと》（聖武天皇）・安殿親王《あて》（平城天皇）・恒貞親王《つねさだ》など皇太子の元服の事例や、親王・貴族の子弟の例はあるものの、天皇の元服は当然のことながら初めてであった。そこでこの時、大枝音人《おおえのおとんど》によって唐礼を参考にして天皇元服（御元服）の儀式文が作成されたことが、後の右大臣藤原宗忠《むねただ》の日記『中右記《ちゆうゆうき》』大治《だいじ》四年（一一二九）正月五日条に記されている。『日本三代実録』当日条には、雨雪が降っていたにもかかわらず、清和天皇は前殿《ぜんでん》に御して、親王以下五位以上が閤門《こうもん》より入り殿庭《でんてい》において拝賀《はいが》し、百官六位以上は春華門《しゆんかもん》の南において拝賀し、これより先、勧学院《かんがくいん》の藤原氏の児童で背丈が四尺五寸以上の者十三人に加冠《かかん》を行ったとある。簡略な記事であるが、後の儀式書によれば、御元服は紫宸殿において太政大臣が祝詞《のりと》を言上してから天皇に加冠し、座を改めて祝宴が行わることになっていた。今回も、清和天皇に加冠したのは、外祖父である太政大臣藤原良房であったろう。

朝賀

そして、三日には大極殿で朝賀が行われた。清和天皇の即位以来、毎年、朝賀が廃されていたが、元服を経たこの年は拝賀が行われたのである。七日には白馬節会が行われ、その詔において天皇の元服に触れられ、成人天皇となったことが宣された。また、皇太后藤原順子が太皇太后《たいこうたいごう》に、皇太夫人藤原明子が皇太后とされた。さらに、太政大臣の良房以下公卿による天皇が元服したことへの奉賀《ほうが》が行われた。

こうして、清和天皇は幼帝から成人天皇へと転成したのである。

なお、この白馬節会の詔において、天下の徭役のうち十日が免除されることが宣され、また二日後に雑徭を二十日とする太政官符が下され、さらに正月二十八日に紀今守の三事の上言がなされたことは前述した通りである。

新たな廟堂

正月十六日には、中納言平高棟・伴善男を大納言、藤原氏宗を権大納言、参議源融を中納言とし、源生《いける》・南淵年名・大枝音人・藤原常行・藤原基経が新たに参議に任じられた。このうち、藤原良房の養子基経と、藤原良相の子常行が廟堂に参画したことは注

目されよう。前年に源定・源弘・正躬王が死去していることにより、廟堂が大幅に変わったことになる。その陣容を示すと、

太政大臣　藤原良房
左大臣　源信
右大臣　藤原良相
大納言　平高棟・伴善男
権大納言　藤原氏宗
中納言　源融
参議　源生・南淵年名・大枝音人・藤原常行・藤原基経

となり、成人天皇清和の新たな廟堂を構成することになった。

良房邸の観桜宴

清和天皇は二月二十五日、藤原良房の東京染殿第に幸し、観桜の宴が開かれている。その様子は、まず天皇自身が誕生した一条第に寄り、良房が酒肴を扈従《こしょう》した群臣文武官に賜い、庭中《ていちゅう》に禄物《ろくもつ》を積んで天皇に御覧にいれてから班《わか》った。次いで、染殿の花亭に移り、親王以下侍従以上が侍した。伶人に楽を命じ、文章の堪能な者に詩を賦《ふ》させ、宴飲した。さらに射場《いば》に移り天皇が弓矢を射、一つが鵠《くぐい》（白鳥）にあたったので群臣は

万歳を称し、親王以下も順に射た。なお、山城守紀今守らが郡司《ぐんじ》百姓を東の垣の外に率い、耕田の礼を行った。農民のことを天皇に知らしめるためである。終日楽を極め、親王公卿文武百官に禄を給い、夜に宮に還ったという。

良房は前年の冬に六十の賀を祝い、明けて正月には外孫の天皇が元服をとげ、ここでその天皇を自邸に迎えて宴を催すなど、まさにこの世の春を謳歌していたということになろう。

多美子の入内

一方で、正月二十七日には藤原良相の娘多美子《たみこ》が清和天皇の女御《にょうご》となり、八月二十五日には平寛子《かんし》が同じく女御となっている。清和天皇が成人したことにより、にわかに入内競争が激しくなっていくのである。

清和天皇の内裏遷御

貞観七年になると、八月二十一日、清和天皇は東宮より太政官曹司庁《ぞうしちょう》に遷った。これは来《きた》る十一月に内裏に遷御《せんぎょ》するに際し、乾《いぬい》（北西）の方角が不吉であると陰陽寮《おんみょうりょう》が言上し、東宮から内裏の方角がまさに乾にあたっていたので、それを避けるためにまず太政官曹司庁に遷ったのである。なお、御在所が近いということから、公卿らは中務省《なかつかさ》で尋常政《じんじょうせい》を聴いた。

そして、清和天皇は十一月四日に内裏の仁寿殿に遷御した。天皇は幼帝として即位するにあたり、新成殿の皇太子直曹司から東宮に遷ったことは前に述べたが、その後もずっと東宮に居住し続けていた。元服してからなお二年近くも東宮に居住していたのである。そもそも、父の文徳天皇の頃から内裏に居住することなく、天皇の内裏不在が常態化していたといえる。それが、清和天皇がここで内裏に入ったことにより、仁明天皇以来、十六年ぶりに天皇が内裏に還ってきたのである。

それではなぜ、清和天皇はこの時に内裏に入ったのであろうか。それに関連すると考えられるのが、太政大臣藤原良房が貞観六年の暮れから重病を患っていたということである。貞観七年正月七日の白馬節会では、良房が去冬から病気であったので、拝爵《はいしゃく》（叙位）の儀が寂寥《じゃくりょう》としたものになったとある。また、九月五日の薬師寺《やくしじ》僧壱演《いちえん》を権僧正《ごんのそうじょう》とする勅には、良房が去年の冬から重病に沈んでいたが、壱演が病気平癒の加持を行ったので褒賞すると述べられている。さらに、貞観八年八月二十二日に良房自身が奉った摂政《せっしょう》の抗表《こうひょう》でも、貞観六年冬に大病にみまわれたことに触れられている。このように、この一時期、良房は生命の危機に陥ったと推測されるのであり、清和天皇が内裏に遷ったのは、そのような政治状況に対処するためであったろう。

良房が正式に摂政の勅を蒙るのはこの後のことであるものの、清和天皇が幼帝として即位した時点で、良房は事実上の摂政となったとの見方が一般的である。良房の摂政就任については後述するが、太政大臣である外祖父の良房が王権の行使に大きな影響力を持ったことは事実であろう。注目すべきは、元服して成人天皇となった後も、清和天皇は内裏に入らず東宮に居住し続けたことであり、幼少から良房の後見・庇護を受けてきたため、すぐに政治を視ることがかなわなかったのではないか。ここに、清和天皇の政治的主体性の希薄さが垣間見えるのである。ところが、良房が重病に陥ったところで、初めて清和天皇は内裏に入ったのであり、これこそまさに、清和天皇が成人天皇として自立する好機となるはずであった。それでは、清和天皇は自立することができたのであろうか。

第三　応天門の変

一　応天門炎上

良相邸の桜花宴

貞観《じょうがん》八年（八六六）三月二十三日、清和天皇は、右大臣《うだいじん》の藤原良相《ふじわらのよしみ》の西京第《にしのきょうてい》に幸し、桜花《おうか》を鑑賞した。文人が呼ばれ百花亭に詩を賦《ふ》したが、席に預かったのは四位四人、五位八人、六位二十八人の四十人であったという。また、天皇は射庭《いば》に御《ぎょ》し、親王《しんのう》以下侍《じ》従《じゅう》以上に射を賜り、左右近衛《このえ》の中将《ちゅうじょう》少将《しょうしょう》が預かって、鵠《くぐい》にあたる者に布を賜った。伶人《れいじん》が楽を奏し、稚児《ちご》十二人が出でて舞い、晩には女楽《じょがく》が奏された。一日歓宴が行われ、扈従《こしょう》する百官に禄を賜い、夜分に天皇は還御《かんぎょ》したという。

西京三条第

この西京第については、平成二十三年（二〇一一）から翌年にかけての平安京右京三条一坊六町跡の発掘調査で、建物・池・溝が検出された。池底からは九世紀後半の土器・陶器・土製品・石製品・木製品・金属製品・銭貨が大量に出土しており、そのなかには

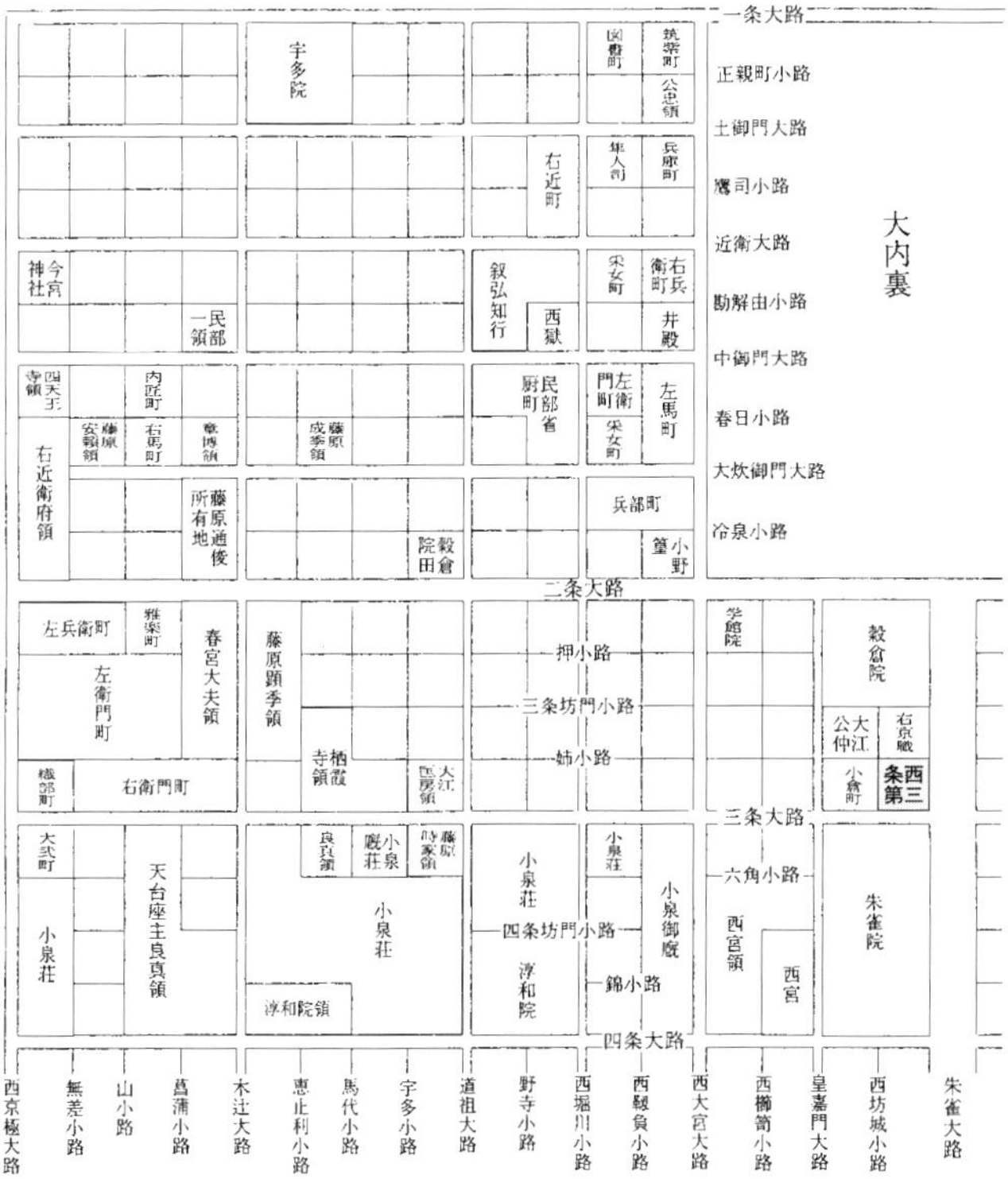

西京三条第

(古代学協会・古代学研究所編『平安京提要』角川書店, 1994年, 182頁の図を一部改変)

「三条院釣殿高坏《つりどのたかつき》」と墨書《ぼくしょ》された土師器《はじき》も含まれている。この調査からも、記録にみられるような詩宴が催されるだけの邸宅が、この地に存在したことが確認されている。

良房邸の桜花宴

七日後の閏《うるう》三月朔日《さくじつ》、今度は太政大臣《だいじょうだいじん》藤原良房《よしふさ》の東京染殿第《ひがしのきょうそめどの》に清和天皇が幸し、

「三条院釣殿高坏」と書かれた墨書土器
(〈公財〉京都市埋蔵文化財研究所蔵)

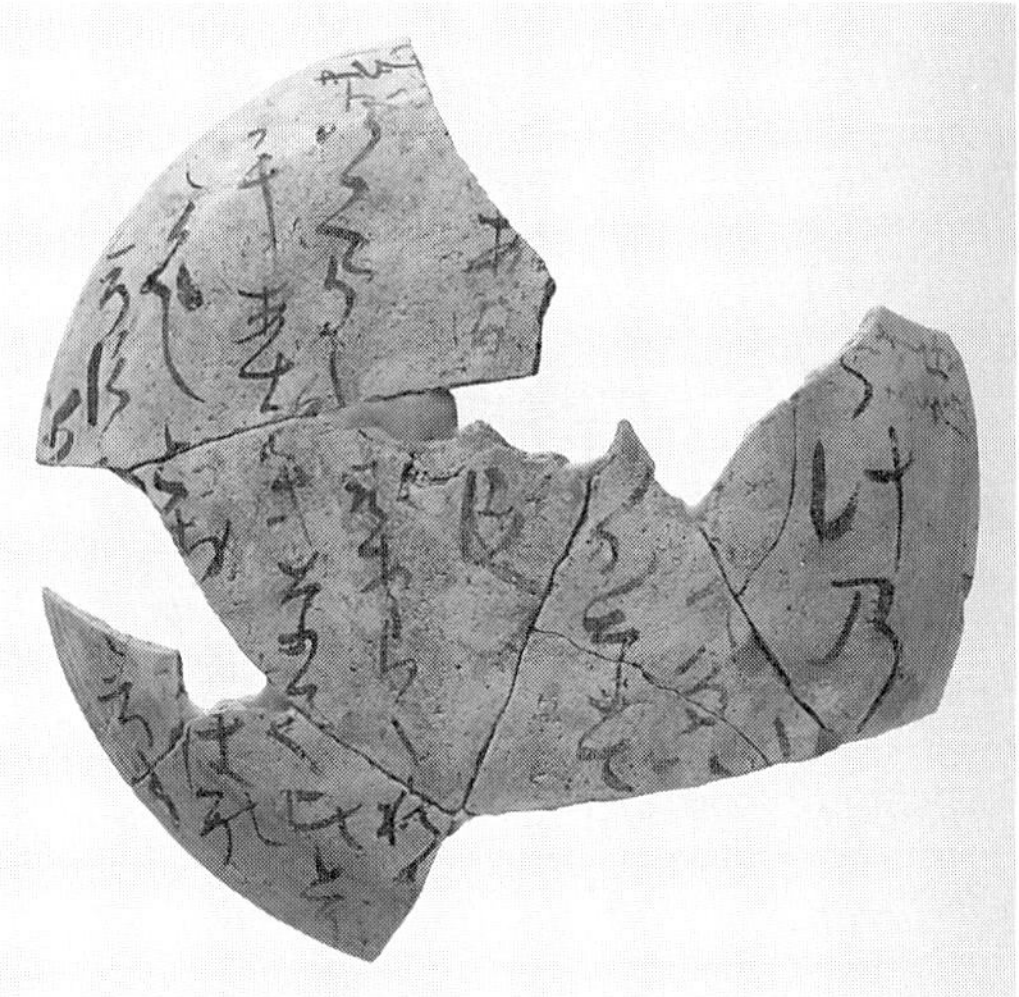

和歌が書かれた墨書土器(〈公財〉京都市埋蔵文化財研究所蔵)

観桜の宴が開かれている。王公以下百官が扈従し、天皇は釣台に御して釣魚を観覧し、射殿に遷って弓矢を射、王公以下も順に射た。また、東門に御して耕田農夫田婦を見、田楽《でんがく》がなされた。そして望遠亭に還御し、さまざまな楽や舞が奏され、文をよくする者数人が呼ばれ、落花無数雪の詩が賦された。一日歓宴が開かれ、親王以下五位以上、および六府将監尉《しょうげんじょう》以下に禄を賜り、五位以上の解由《げゆ》をまだ得ていない者も預かった。日が暮れて、天皇は還御している。

良房と良相

この二年前の貞観六年二月二十五日にも、良房の東京染殿第に清和天皇が臨御して観桜の宴が開かれ、良房がこの世の春を謳歌したであろうことは前述した。しかし、今回は様相を異にする。貞観六年暮から良房は重病に陥り、代わって娘の多美子《たみこ》を清和天皇に入内させた弟の良相が存在感を増してきた。それを象徴するのが三月の良相邸での観桜の宴であろう。これに対し、病気から回復した良房が健在ぶりを誇示したのが、その七日後の良房邸での観桜の宴である。わずか七日を隔てた二つの観桜の宴は、二人の微妙な緊張関係を表しているのではないか。

応天門炎上

そして閏三月十日、朝堂院《ちょうどういん》の正門である応天門《おうてんもん》とその東西にある棲鳳楼《せいほうろう》・翔鸞楼《しょうらんろう》が炎上した。いよいよ、史上有名な応天門の変の幕開けである。これについては、一般に

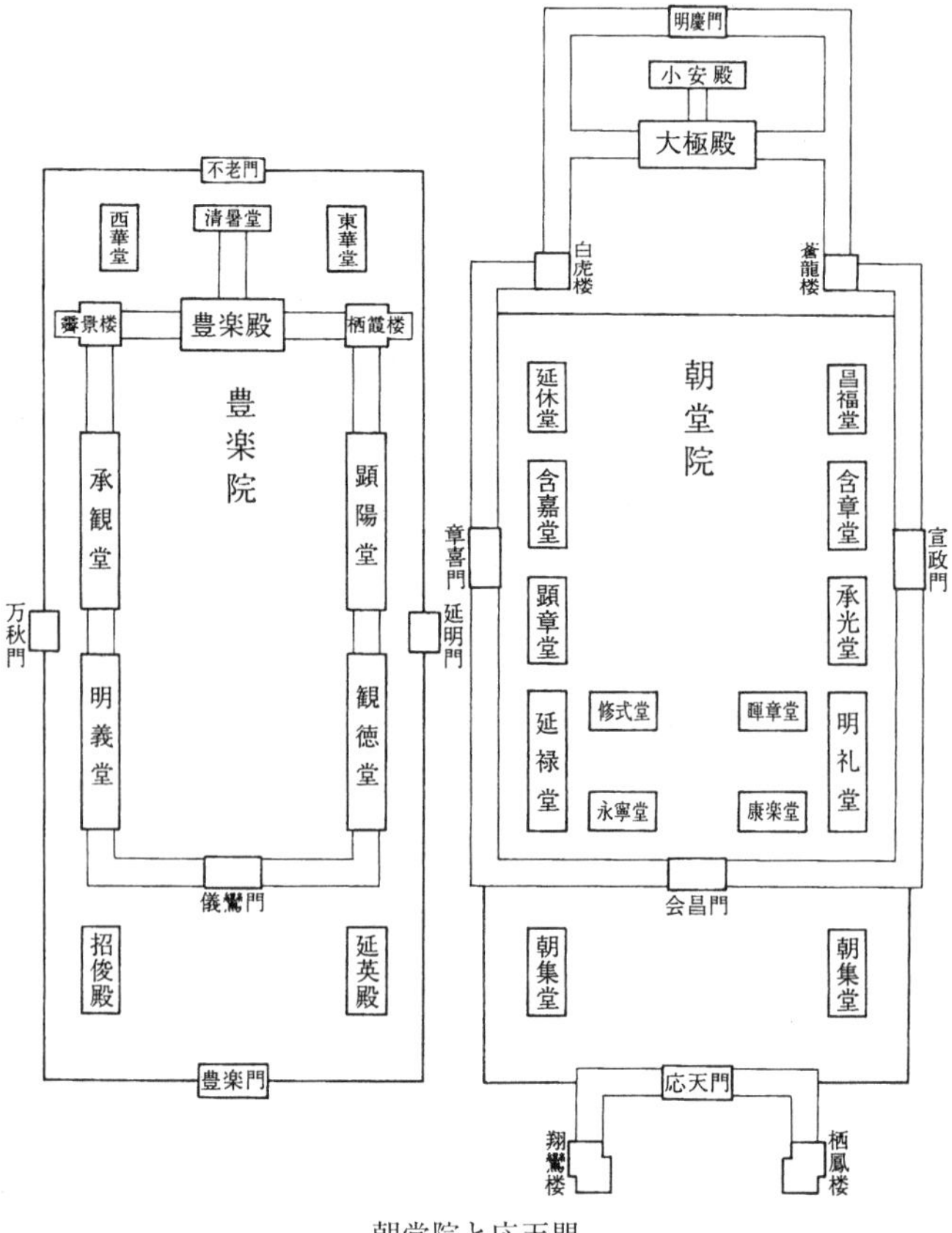

朝堂院と応天門

（古代学協会・古代学研究所編『平安京提要』角川書店，1994年，167頁より）

源信の嫌疑

平安神宮に再現された応天門

『宇《う》治《じ》拾《しゅう》遺《い》物語《ものがたり》』巻第十「伴大納言《ばんだいなごん》応天門を焼く事」や、『伴大納言絵巻《ばんだいなごんえまき》』に載せられている次のような話が流布している。

昔、清和天皇の御時、応天門が炎上した。放火であり、大納言の伴《ともの》善男《よしお》によって「左大臣 源 信《さだいじんみなもとのまこと》の仕業である」と嫌疑がかけられ、左大臣の処罰を沙汰《さた》しようとした。しかし、弟の藤原良相に 政《まつりごと》を委ね、政界を退いていた太政大臣藤原良房がそれを聞きつけ、驚いて急ぎ参内し、天皇に「このことは申す人の讒言《ざんげん》でしょう。大臣を罪するような大事はまことに異様で、本当と嘘をよく究明して処罰すべきです」と奏上した。天皇ももっともと思し召して調べさせると、確証もないので、「左大臣を許す旨仰せ出だせ」という宣旨《せんじ》を承って良房は帰っていった。

さて、自邸の庭で無実の罪であることを天に訴えていた源信は、お許しの使いの頭中将《とうのちゅうじょう》（藤原基経《もとつね》か）が来た時、罪せられる使いと思い家中《かちゅう》の者と泣き騒いだが、許される旨を伝えて頭中将は帰っていったので、今度は大いに喜び泣いた。しかし、許されたけれども、宮仕えをしていたら無実の罪を着せられるかもしれぬとして、以降は出仕しなくなった。

舎人の目撃

実はこの事件を、東七条大路に住む右兵衛《うひょうえ》の舎人《とねり》という者が目撃していた。その日は出仕した後、夜更けになって家に帰ることになり、応天門の前を通りかかると人の気配がする。廊下の脇に隠れると、柱より降りてくる者がおり、よくみると大納言伴善男とその子、さらに雑色《ぞうしき》の豊清《とよきよ》という者であった。何をしているのだろうと思っているうち、三人は南の朱雀門《すざくもん》の方に走り去っていったので、舎人も家の方に向かうと、二条堀河《ほりかわ》にさしかかったところで、「大内裏《だいだいり》で火が燃えている」と騒いでいる。振り返り内裏の方へ走り戻ると応天門の上が燃えている。舎人は、先ほどの三人はこの火をつけるために登っていたのだろう、と思ったが、大それたことなので口をつぐんでいた。その後、左大臣源信の仕業として処罰されるとの噂が立ち、舎人は別に犯人がいるのに気の毒なことだと思ったものの、言い出せずにいたが、やがて左大臣が許されたと聞き、罪がないのだから助かったと胸をなでおろした。

子供の喧嘩

そうして九月になったある日、伴善男の出納《すいとう》の子と舎人の子との喧嘩がおこり、舎人がそれを止めようとすると、出納が同じく出てきて自分の子を家にいれ、舎人の子の髪を摑みうち伏せて、死ぬばかりに踏みつけた。舎人は、子どもの喧嘩に大人がなぜこのようなことをするのかと腹を立てて、「あなたはなぜ情け容赦もなく幼い者をこんなめに合わせるのか」と抗議した。すると伴善男の出納は、「お前は何を言うか、舎人風情のお前ごときに何をしようと何事があるか、わが主人は大納言なのでどんな過ちをしようと何事も起きない。ばかなことを言う卑しいやつだ」というので、舎人は大いに腹を立て、「大納言を偉いとでもいうのか。お前の主人など自分が一言しゃべれば人並みに生きていられなくなるのを知らんか」と口走ってしまい、出納は腹を立てて家に入っていった。

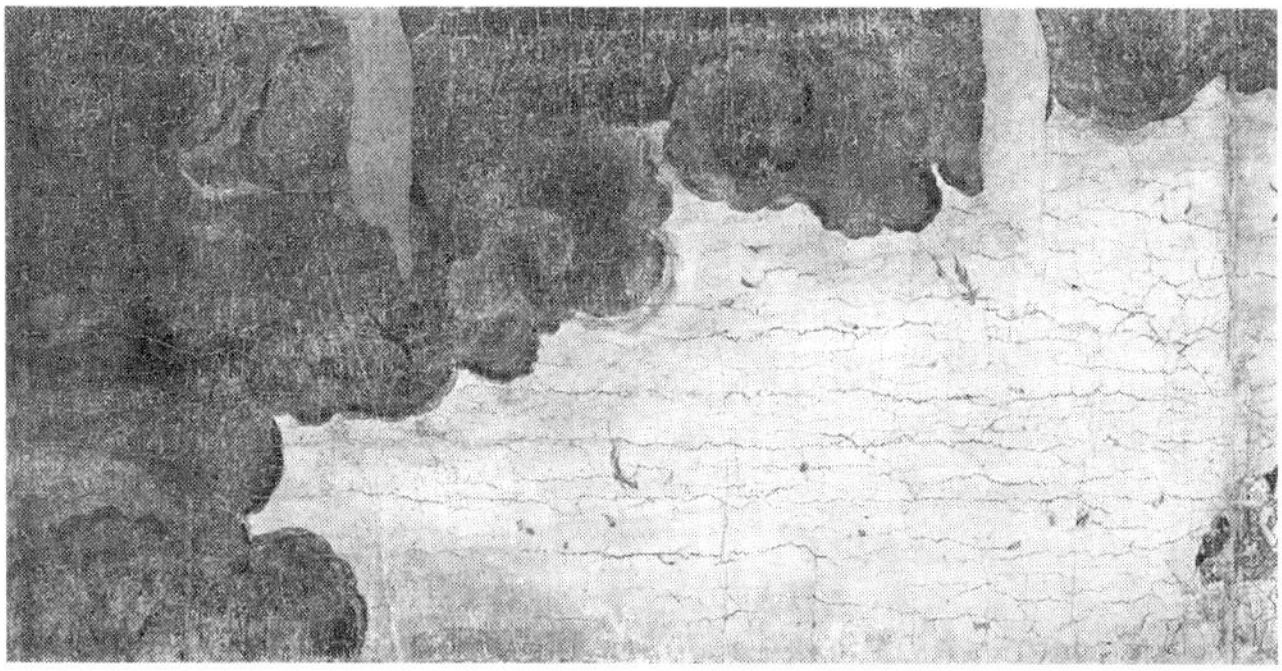

この喧嘩を見ようと隣近所の人々が群れをなして集っており、あれは一体どういう意味なのかと次々に語り散らし言い騒いだので、これが噂となって舎人は尋問されることになった。初めは抗弁していたが、自分も罪をきなければならないと言われたので、ありのままを申し述べた。その後、伴善男も尋問されてその犯行であることが明るみに出て、流罪に処せられた。

以上が、おおむね『宇治拾遺物語』と『伴大納言絵巻』の伝える応天門の変の経緯であり、最後に、（伴善男は）応天門を焼き、左大臣源信に罪を被せて、自分が大納言から大臣になろうとしたのに、かえって自分が処罰されてしまったのはどんなに悔しいことであったろう、と結んでいる。

これによれば、応天門の変は二段階に分けて語ら

応天門炎上（『伴大納言絵巻』出光美術館蔵）

れていることになる。すなわち、応天門が炎上し、大納言伴善男によって左大臣源信に嫌疑がかけられるが、藤原良房のとりなしによって罪を免れるということと、子ども同士の喧嘩から舎人の告発によって善男の罪が発覚し、流罪に処せられるというものである。

『日本三代実録』の記述

それでは、これらのことはどの程度事実だったのだろうか。

『日本三代実録《にほんさんだいじつろく》』には、応天門の火災を記した後、源信の嫌疑については明確には触れられていない。しかし、貞観八年九月二十二日条の伴善男伝に、貞観の初めに善男は信との間に争いがあり、数年の後、信が反逆を謀《はか》っていると誣告《ぶこく》して、罪に陥れようとしていたとある。また、貞観十年閏十二月二十八日条の源信の薨伝《こうでん》には、もともと善男と不和であり、貞観六年の冬に信が弟の中納言源融《とおる》、右衛門督《うえもんのかみ》源勤《つとむ》と謀って反逆をしようとしているという投書があったことから、世間が騒然となり、善男がこれに乗じて信が不善をなそうとしていると厳しく指弾したという。さらに貞観七年の春には、信の家人《けにん》の清原春《きよはらのはる》瀧《たき》を日向掾《ひゅうがのじょう》に、左馬少属《さまのしょうさかん》土師忠道《はじのただみち》を甲斐権掾《かいごんのじょう》に、左衛門府生《ふしょう》日下部遠藤《くさかべのとおふじ》を肥後《ひご》権大目《ごんのだいさかん》にした。これらは皆武芸に秀でた者であり、推奨して抜擢したようにみえるが、実は信の勢力を奪うものであった。そして貞観八年、善男は右大臣藤原良相と謀って源信の屋敷を囲ませた。この時、太政大臣の藤原良房はこのことを知らず、聞き及ぶに至って愕然とし、清和天皇に奏上した。天皇は自分の知らぬことであるとし、ここに右大《うだい》弁大枝音人《べんおおえのおとんど》と左中弁《さちゅうべん》藤原家宗《いえむね》を派遣し、慰諭《いゆ》した。危惧を覚えていた信は、免《ゆる》され今にも死にそうな状態から再び復活して危機を脱し、駿馬十二匹と従者四十余人を献上しようとしたが、朝廷はこれを受けなかった。しかしこの後、信は門を閉ざしてたやすく出ようとはしなかった、とある。

信と良相・善男の対立

これらを読む限り、薨伝としての誇張があるにせよ、以前から源信と藤原良相・伴善男との間には対立があったようであり、善男は信の罪を騒ぎ立て、さらには良相・善男が信の屋敷を取り囲んだものの、藤原良房と清和天皇によって信は罪を免れたということである。応天門の火災には触れていないものの、『宇治拾遺物語』『伴大納言絵巻』の話と類似し、それを彷彿させるものとなっている。

『吏部王記』

さらに、『大鏡《おおかがみ》』裏書《うらがき》所引『吏部王記《りほうおうき》』承平《じょうへい》元年（九三一）九月四日条には、文徳《もんとく》天皇が惟仁《これひと》親王ではなく兄の惟喬《これたか》親王を天皇に立てようとしたのに対し、源信が諫《いさ》めた古事が載せられていることは前述したが、それに続けて、この応天門の火災について次のような話が記載されている。

応天門が炎上すると、右大臣藤原良相と大納言伴善男が謀って左大臣源信を退けようとし、共に陣座《じんのざ》に坐《ざ》して、この時まだ近衛中将《このえのちゅうじょう》兼参議《さんぎ》であった後の太政大臣藤原基経を召し、応天門の失火は信の所業であるので、急いでその邸第に向かってこれを召すようにと命じた。これに対し基経は、太政大臣の藤原良房はこのことを知っているのか問うたところ、良相は、良房はひとえに仏法を信じており、必ずしもこのことを知らないだろうと答えた。基経は、ことは軽くないので良房の処分を蒙《こうむ》らずにたやすく行うことはできないとし、陣座を辞去して良房の職御曹司《しきのみぞうし》に赴き、このことを諮った。良房は大いに驚き、信はかつて清和天皇にとって大功があるのだから、その罪が明らかでないのに辱《はずかし》められるのは、何の根拠もないことである、もし信を罰するのであれば、まず老いた自分を罰してほしい、と清和天皇に奏上した。天皇もその話を知らず、驚いて詔《みことのり》を発してことは定まったという。その後、良房が死去すると天皇は鳴物を演奏しなかった。

これらは基経の子の左大臣藤原忠平《ただひら》が語ったものとのことであるが、ここでいう源信の清和天皇に対する大功とは、すなわち父の文徳天皇が清和天皇をさしおいて惟喬親王を天皇に立てようとしたことを諫めた恩をさす。

前述したように、『吏部王記』のこの古事は忠平の子の藤原実頼《さねより》が重明《しげあきら》親王に伝えたものであり、このように、応天門の変のおよそ七十年後には、右大臣藤原良相と大納言伴善男が左大臣源信に出火の嫌疑をかけ、太政大臣藤原良房と清和天皇によって罪を免れたという話になっていたのである。ここから『宇治拾遺物語』『伴大納言絵巻』にあるような話にまとめられていったのであろう。

対立の信憑性

『日本三代実録』貞観十年の源信の薨伝における貞観八年の一連の出来事は、それをきっかけに信が出仕しなくなったことを考え合わせれば、明言はしていないが、応天門の火災によるものとの可能性が高い。すなわち、応天門の出火を利用して伴善男や藤原良相が日頃対立していた信に嫌疑をかけたというところだろう。したがって、『宇治拾遺物語』『伴大納言絵巻』に載せる話の前半部は、藤原良房と清和天皇が信を救ったというところを含めて、おおむね事実に即したものとみなしてよいだろう。

ところで、『日本三代実録』では、この後、応天門の火災についてどのように記されているのだろうか。関係する記事を拾ってみると、閏三月二十二日、応天門の火災に対してその内側に位置する会昌門《かいしょうもん》前に百官を会して大祓《おおはらえ》が行われ、災変を消すため、この日から七日を限り、崇福寺《すうふくじ》では二十僧を請《こ》いて大般若経《だいはんにゃきょう》の転読が行われ、梵釈寺《ぼんしゃくじ》では十僧を請いて四王秘法《しおうひほう》が修された。四月十四日には、占いによるとなお火気があるということから、五畿七道《ごきしちどう》の諸神に奉幣《ほうべい》がなされた。四月二十六日には、応天門の余殃《よおう》を消すためにと、東寺《とうじ》・西寺《さいじ》と五畿七道に仁王般若経《にんのうはんにゃきょう》を転読させた。六月三日には、木工《もく》権大允《ごんのだいじょう》藤原直宗《なおむね》を近江国《おうみのくに》に、木工大允中臣伊度人《なかとみのいとひと》を丹波国《たんば》に派遣して、応天門ならびに東西楼を造るための料材を採らせている。七月六日には、伊勢神宮に使いを遣わして応天門の火災のことを告げているが、注目すべきは、その告文《こうもん》に応天門の火災を他の怪異や兵事と同等に捉え、たび重なる穢《けがれ》によって今に至るも、ここにそれらを鎮めるために奉幣を行うとあることである。同日、南海道《なんかいどう》諸神にも班幣《はんぺい》が行われ、その告文にも応天門の火災のみならず、兵事や病気を鎮めるためとしている。

火災への対応

そして、この年の『日本三代実録』は、応天門の火災のほかにもさまざまな怪異の記事が載せられている。四月十六日には、卜筮《ぼくぜい》によって山城《やましろ》国と若狭《わかさ》国に兵事に警戒するよう下知《げち》されており、翌十七日には、大宰府《だざいふ》に対して、京で頻《しき》りに怪異が起きるのは隣国の兵が来襲しようと窺っているからであり、警戒するようにと下知している。さらに翌十八日に、若狭国から印や公文《くもん》を修める庫《くら》や兵庫《ひょうご》が自ら鳴っているとの報告に対し、それは遠国の人が来投し兵乱が起きるからであり、警戒するよう下知している。また、六月二十九日には、大和国《やまと》が神功《じんぐう》皇后の楯列山陵《さきのたたなみさんりょう》で樹木が多く伐採されているとの報告があり、神祇官《じんぎかん》が卜《うらな》ったところ、旱《ひでり》の災害の原因はこのことにあるとして、陳謝の使いが派遣されている。さらに、八月十八日には、諸山陵に使いが派遣され、応天門の火災のことが告げられているが、その告文にも、その焼失の原因は山陵を穢《けが》し、陵木を伐採したことにあるとしている。十月十四日にも、六月の御陵《ごりょう》の木の伐採が旱災《かんさい》の原因となっていることから、天智《てんじ》天皇の山科《やましな》山陵と文徳天皇の田邑《たむら》山陵に、その処理を報告している。

そもそも、『日本三代実録』には、これに類する記事が前年やそれ以前から散見されるのである。このような怪異や兵事はこの年に限ったものではなく、ここ数年続いていたことであった。

火災と怪異

こうしてみると、『日本三代実録』では、応天門の火災のみが独立して捉えられていたわけではないことがうかがわれる。もともと平安時代には、火災が穢として扱われていたのであり、応天門の出火そのものが怪異の一つだったのである。火災の原因が判明していない当初は、他の旱災や怪異、兵事と同等の危機感をもって応天門の火災が認識されていたといえよう。

二 告発

大宅鷹取の告発

こうして、応天門の火災は不審火とされたまま、いたずらに日々が過ぎていった。ところが、八月三日になって、左京の人で備中権史生《びっちゅうごんのししょう》の大宅鷹取《おおやけのたかとり》が、応天門の火災は伴善男とその子の右衛門佐《すけ》伴中庸《なかつね》の放火であることを告発した。そこから事件は急展開していくのである。以下、『日本三代実録』の関係記事をみていきたい。

翌四日には大宅鷹取は拘禁され、左の検非違使《けびいし》に下された。これは、養老獄令告言《ようろうごくりょうこくげん》人罪条に「凡《およ》そ人の罪を告言せむ、(中略)其れ前人《ぜんにん》禁すべくは、告人《こくにん》も亦禁せよ、弁定して放せ」（他人の罪を告発するには〈中略〉被告だけでなく告言者も同様に身柄を拘束し、取調べを終えたうえで釈放せよ）とあり、これは謀叛《むほん》以下の犯罪の告言に関する規定であるが、同じく養老獄令告密条から謀叛以上を告言する場合も同様であったと考えられるので、検非違使で拘禁され訊問が加えられたのである。そして七日に、勘解由使《かげゆし》局において参議の南《みな》淵年名《ぶちのとしな》と藤原良縄《よしただ》によって伴善男が鞫問《きくもん》される。それから二十日以上が過ぎた二十九日に、善男の子の伴中庸が左衛門府に拘禁され、同じ日、大宅鷹取の女子を殺した生江《いくえの》恒山《つねやま》が拷訊《ごうじん》されている。翌三十日には、同じく鷹取の女子の殺害を謀った伴清縄《きよただ》が拷訊されたが、この二人はともに善男の従僕《じゅうぼく》であった。これらは、『宇治拾遺物語』や『伴大納言絵巻』に載せる、善男の出納の子と右兵衛の舎人の子との喧嘩に親が介入した話を彷彿とさせる。

伴善男らの処罰

そして九月二十二日、大納言伴善男と伴中庸、さらに紀豊城《きのとよき》・伴秋実《あきざね》・伴清縄の三人の従者が応天門の放火の罪で遠流《おんる》に処せられることとなった。本来ならば、最も重い死罪の斬《ざん》にあたる罪であったが、一等を減じられたのである。善男は伊豆《いず》国、中庸が隠岐《おき》国、豊城が安芸《あき》国、秋実が壱岐《いき》国、清縄が佐渡《さど》国に流罪となり、それに連なって、罪人の親族である紀夏井《なつい》が土佐《とさ》国、伴河男《かわお》が能登《のと》国、伴夏影《なつかげ》が越後《えちご》国、伴冬満《ふゆみつ》が常陸《ひたち》国、紀

宣命

牛車で護送される流人伴善男（『伴大納言絵巻』出光美術館蔵）

春道《はるみち》が上総《かずさ》国、伴高吉《たかよし》が下総《しもうさ》国、紀武城《たけき》が日向国、伴春範《はるのり》が薩摩《さつま》国にそれぞれ配流されることとなった。

この時の太政官曹司《だいじょうかんぞうし》庁における宣命《せんみょう》では、次のように述べられている。

閏三月十日の応天門の火災以来、天皇は日夜憂いを抱いていたが、大宅鷹取が伴善男の所為《しょい》であると告発し、さらにある諸人らが口をそろえて疑いなしと告げることがあった。しかし、そのことがとても真実と思えずに月日が延びていたところ、勅使《ちょくし》が鞫問して奏上《そうじょう》するに、善男は初め、ことごとに承服しなかったが、従者の生江恒山と伴清縄を拷訊すると、善男自身が行ったことではなく、息子の伴中庸が為したものであるとする。恒山・清縄の口状をもって中庸の申し開きを参験《さんけん》するに、善男の殺人についての言い分はすでに嘘であることが知れ、中庸は父善男の教命を受けてなすところであることは疑いない。そこで明法博士《みょうぼうはかせ》に勘定させたところ大逆《たいぎゃく》の罪にあたり、斬刑の処分にあたることが奏上された。しかし、別に思うところがあって斬罪を一等減じて遠流とし、謀事を同じくした従者の紀豊城ら三人ならびに兄弟子孫も遠流に従うべきである。

事後処理

二十五日、京畿七道《けいきしちどう》に勅が出され、善男らの資財・田宅を勘録《かんろく》し、また中庸の子で元孫《もとひこ》八歳と叔孫《おじひこ》五歳を父の配所に遣わすのを、幼いことを理由に召し返させた。さらにこの日、善男を配流したことを、桓武《かんむ》天皇の柏原《かしわばら》山陵と仁明《にんみょう》天皇の深草《ふかくさ》山陵に告げている。なお、その宣命のなかで応天門の火災の「三ヶ月」後に告発がなされたとしているが、実際に大宅鷹取が告発したのは、閏三月の「三ヶ月」後の六月ではなく、「五ヶ月」後の八月のことである。二十九日には罪人を配流したことによって朱雀門《すざくもん》前で大祓が行われ、十月一日には七道諸国に警固《けいご》させている。

殴傷・殺害事件

さて、十月二十五日に、大宅鷹取を殴り傷つけ、その女子を殴り殺した越後国足羽郡《あすわぐん》の人生江恒山と因幡《いなば》国巨濃《この》郡の人占部田主《うらべのたぬし》らの処分が決まった。恒山らが言うには、主人の伴中庸の教唆《きょうさ》によって鷹取の女子を殺したという。闘訟律《とうしょうりつ》によれば、威力をもって人に指示し殴り死傷させたならば、自ら手を下さずとも重罪となす。手を下した者は罪一等を減じる。また、故意に人を殺したならば斬罪となる。恒山・田主は、闘争によらず中庸の教唆によって鷹取の女子を殺したのであり、中庸を首謀者として斬刑にすべきである。しかし、中庸は大逆罪を犯したにもかかわらず、断罪せず遠流にしている。恒山・田主は従犯となるので、罪一等を減じて同じく遠流にあう。以上のことから、恩詔を下して斬刑を一等減じて遠流に処し、ほかは刑部省《ぎょうぶしょう》の判断によれ、としている。

十一月四日には、大炊大属《おおいのだいさかん》民忌寸《たみのいみき》（伊美吉《いみき》）能津《よしつ》が、応天門の火を救うのに頗《すこぶ》る功があったので、居を改めたいとの請いにより、本居山城国紀伊郡《きいぐん》を改めて右京三条に貫附《かんぷ》した。十二月八日には、伴善男の宅地・資財を内蔵寮《くらりょう》に付し、仏像・経論・書籍を図《ず》書寮《しょりょう》に付している。

変の実相

以上が、『日本三代実録』に記される応天門の変の経緯であり、伴善男は流罪に処された。この時五十六歳であったが、この二年後に配所で死去している。それでは、これらから応天門の変についてどのようなことがうかがえるのであろうか。

『日本三代実録』では、応天門の火災は伴善男の指示による放火と断じて処罰がなされており、『宇治拾遺物語』や『伴大納言絵巻』もそれを踏襲している。さらに、『宇治拾遺物語』や『伴大納言絵巻』は、善男が左大臣源信に罪を着せようとしたものの、藤原良房のとりなしによって信はそれを免れたこと、子供の喧嘩に端を発して善男が放火の首謀者であることが露顕したことが語られている。このうち、善男が信に対し応天門の火災の責任を追及したが、良房のとりなしで信は助けられたというのは事実である可能性が高いというのは前述したとおりである。

一方、子供同士の喧嘩によって善男が放火の首謀者であることが発覚したことについても、告発した大宅鷹取が生江恒山や占部田主によって殴傷《おうしょう》され、善男の息子の伴中庸の指示でその女子が殺されていることから、その話の蓋然性は高いように思われる。ただし、これについては、『宇治拾遺物語』『伴大納言絵巻』では舎人が放火を目撃したのを「過ぎにし秋の比《ころ》」としたり、子供の喧嘩が起きたのを「かくて九月ばかりになりぬ」とするなど、『日本三代実録』と季節にずれが生じている。さらに、鷹取が告発し善男の鞫問が開始されてから、鷹取の女子を殺した恒山が拷訊されるまで二十日以上も過ぎていることから、『宇治拾遺物語』や『伴大納言絵巻』のように、女子が殺されたから鷹取は告発したのではなく、逆に告発された報復として伴中庸らによって鷹取の女子が殺されたとする解釈が益田勝実氏によって提示されている（益田勝実「伴大納言絵詞の詞章」）。

これを受けて、佐伯有清氏は、鷹取を使って善男を告発させたのは源信の弟の源勤ではないかと類推している（佐伯有清『伴善男』）。その根拠として、当時、勤が右兵衛督で備中権守《ごんのかみ》であり、他方、告発した鷹取は備中権史生であり、『宇治拾遺物語』『伴大納言絵巻』では右兵衛の舎人とされているので、その関係性を挙げている。すなわち、善男によって兄の源信が応天門放火の嫌疑がかけられたことから、勤は鷹取を使って逆に善男の放火であると告発させたという。そして、中庸がその報復として鷹取の娘を殺させたのであるが、そのことで善男はかえって窮地に追い込まれ、善男の放火の罪が確定したとしている。しかし、勤の右衛門督・備中権守という官職《かんしょく》だけを理由に、そのように断ずるのは飛躍のしすぎのように思える。

殴傷・殺害の報復

これに対し、鈴木琢郎氏は、鷹取は告発した後、検非違使に拘禁されて訊問されているので、伴中庸が告発された報復のために殴傷することは不可能であるとし、鷹取の殴傷とその女子の殺害が行われたのは告発の前であり、告発のきっかけも殴傷と女子の殺害にあると指摘する（鈴木琢郎「摂関制成立史における「応天門の変」」）。これは、『伴大納言絵巻』『宇治拾遺物語』における因果関係と一致するものである。そして、鷹取の告発によって善男の鞫問が開始されるのと、鷹取の女子を殺した生江恒山が拷訊されるのが二十日以上もずれるのは、放火の裁判と女子殺害の裁判が別々に行われたことによるとしている。さらに、放火・殺害について善男は一貫して否認しているのに対し、伴清縄や生江恒山らは中庸の指示であると証言していることから、放火も中庸が首謀者だったのではないかと類推している。

殴傷・殺害の時期

確かに、獄令によれば告言者も拘禁されることになっており、拘禁されている鷹取を殴傷することは不可能のように思える。しかし今一度、大宅鷹取の告発からの経緯をみてみると、八月三日に鷹取が応天門の放火の首謀者として告発したのは伴善男と伴中庸の二人であるのだが、善男が七日に鞫問されているのに対し、中庸が拘禁されるのは二十九日のことである。これについて鈴木氏は、『日本三代実録』が三日条に中庸まで載せているのは、編纂段階で中庸が応天門放火の首謀者であると認識されていたからであり、実際には、この時点ではまだ中庸には嫌疑がかけられておらず、鷹取の女子殺害を拷訊する過程で浮かびあがってきたのではないかとしている。中庸が拘禁されたのが、鷹取の女子を殺害した生江恒山が拷訊されたのと同日であるところをみると、中庸の拘禁もそちらの容疑によるとみるべきであろう。

ところが、もしそうだとすると次のような疑問が生じる。そもそも、鷹取がなぜ告発をしたのか。鷹取の女子の殺害が告発以前のことであり、告発がそれに対してのものならば、当然、応天門放火だけでなく女子の殺害も併せて告発した可能性が高い。そうすると、女子殺害の首謀者は明らかに中庸であるにもかかわらず、その拘禁が二十九日まで遅れるのはやはり矛盾していると言わざるを得ない。したがって、鷹取の告発は応天門の放火についてのみで、女子の殺害には触れられていなかったとみるべきであり、それは、その時点でまだ女子の殺害が起きていなかったからではなかろうか。

ここで、鷹取の女子の殺害については、『日本三代実録』では、八月二十九日条・三十日条・九月二十二日条・十月二十五日条にみられ、実際に起こったことであるのは確かだが、一方、鷹取の殴傷については十月二十五日条にしかみられず、それが本当に起きたことなのか疑問も生じる。もし、鷹取に対する殴傷がなかったならば、鷹取が拘禁されていても女子の殺害は可能となる。また、事実であったとしても、それが女子の殺害と同時であったとは限らず、鷹取に対する殴傷が告発以前であっても、女子の殺害がそれ以後という可能性もある。さらに、鈴木氏は鷹取の拘禁が応天門の放火の処分の確定までとしているが、平安時代には獄令の規定どおりに拘禁が行われたかは疑問が持たれており、もっと早くに釈放されていたとも推測される。これらのことを考え合わせれば、伴善男らが応天門を放火したと鷹取が告発をしたことに対する報復として、伴中庸らがその女子を殺害した可能性は残るのである。

さて、『日本三代実録』や『宇治拾遺物語』『伴大納言絵巻』が断ずるように、伴善男が応天門放火の首謀者だとしたら、なぜそのようなことをしたのか。これについては、善男の上席には太政大臣藤原良房・左大臣源信・右大臣藤原良相がおり、放火の罪を信になすりつけて左大臣を罷免させ、良相を左大臣にあげ、自らが大納言から右大臣に昇ろうと謀ったのではないかとの見方がなされている。

放火の目的

もともと善男は、僧善愷《ぜんがい》訴訟事件にみられるように相当の策略家であったと考えられている。これは、仁明天皇の承和《じょうわ》十二・十三年（八四五・八四六）頃、法隆寺《ほうりゅうじ》僧の善愷が檀越《だんおつ》の登美直名《とみのただな》を、法隆寺の奴婢《ぬひ》や財物《ざいもつ》を無理やり売り払ってその代金を不当に所得したと訴えたことに端を発する弁官《べんかん》解任事件である。善愷の訴えはいったん受理されて、直名は遠流の判決が下された。これに対し、訴訟を受理したのは不当であるとして左大弁正《まさ》躬王《みおう》以下を糾弾したのが、当時、右少弁《うしょうべん》であった善男である。その際、単に訴訟受理に違法な手続きがあったかどうかにとどまらず、律令条文の解釈からそれが公罪にあたるか私罪なのかにまで発展して争われた。ここで訴訟受理が公罪であるのなら、それを行った弁官は罰金にあたる贖銅《しょくどう》ですむのだが、私罪ならば贖銅のうえ、解任ということになる。善男は私罪を主張し、結局、それが容れられて左大弁正躬王・右大弁和気真綱《わけのまつな》・左中弁伴成益《なります》・右中弁藤原豊嗣《とよつぐ》・左少弁藤原岳雄《おかお》が次々に交替されていった。

この事件の背景には、複雑な利害が絡んでいたとされるが、善男が善愷の訴訟を利用して上席の弁官をすべて解任したことになり、その策略家としての一面をみることができる。その善男が、今度は信を陥れて自分の栄達を遂げようと策謀をめぐらしたというのである。

善男の出自

ただし、応天門はもともと大伴門《おおともももん》といい、それが弘仁《こうにん》九年（八一八）の殿閣門名の唐風化によって応天門と改められた。その名の通り大伴氏が守衛する宮城《きゅうじょう》の門だったのであり、それを伴氏（弘仁十四年四月の淳和《じゅんな》天皇即位に際し、その諱《いみな》が「大伴」だったので、それを避けるために「大伴」氏は「伴」氏と改められた）の善男が放火するとは考えづらい。それは子の伴中庸にも言えることである。なお、『宇治拾遺物語』巻第一「伴大納言の事」には、もともと善男は佐渡国の郡司《ぐんじ》の従者であったとあり、それが事実ならば、善男は伴（大伴）氏出身ではなかったことになる。したがって、応天門に放火するのにためらいがなかったとも憶測されるが、しかし、その話自体が応天門の変をもとにした後世の創作である可能性が高く、信じ難い。

善男の評価

『日本三代実録』貞観八年九月二十二日条に載せる伴善男伝には、善男は信に反逆の罪をなすりつけようとして、かえって父子ともに大逆の罪を犯し、「積悪《せきあく》の家には必ず余殃《よおう》有り、蓋《けだ》し斯《こ》の謂《いい》か」（悪事を積む家には報いとして必ず災いが振りかかる、思うにこのことをいうのか）と評されている。これは、『易経《えききょう》』坤、文言伝にある「積善《せきぜん》の家には必ず余慶《よけい》有り、不善《ふぜん》を積む家には必ず余殃有り」から修正して引かれたものであるが、これも、「積善之家」の印を賜ったという藤原氏と対比した、『日本三代実録』の歴史観による誇張である。

良房陰謀説

他方、この応天門の変は、古くは藤原氏の他氏排斥事件として語られており、藤原良房の陰謀説が出ている。すなわち、良房が大納言の伴善男をはじめ十三人を流罪にし、伴氏と紀氏を追い落としたというものである。このうち、この変の中心人物である善男は、実務に長け自らの才覚をもって昇進をとげただけでなく、広大な領地をも領有していた。また、紀豊城の兄で縁坐《えんざ》によって土佐国に流された紀夏井は、その処分に際し『日本三代実録』貞観八年九月二十二日条に載せられた伝記に、讃岐《さぬき》守として善政をしき、任期が終わろうとすると百姓《ひゃくせい》が留任を願って二年間留任し、いよいよ任国を去る時、民は別れを惜しみ沢山の贈物を届けたがその一つも受け取らなかったとあり、典型的な良吏《りょうり》であった。ここから佐藤宗諄氏は、応天門の変は良房による単なる伴氏や紀氏の排斥事件なのではなく、善男や夏井は、平安初期に多くみられた天皇の寵愛を受けて台頭してきた新官人群であり、伝統的貴族である良房の脅威となっていたことが事件の背景にあったとしている（佐藤宗諄「「前期摂関政治」の史的位置」）。

信と良相

　また、応天門の変で善男の側に立っていたと考えられる右大臣の藤原良相が、十二月八日・十一日・十三日の三度にわたって辞表を奉り、翌年十月十日に死去している。そして、この応天門の変を期に左大臣の源信が出仕をしなくなり、貞観十年閏十二月二十八日に死去している。大納言の善男が失脚しただけでなく、この時期、良房と緊張状態にあった右大臣の良相も、救済し恩を売ったかたちになった信も、急激に政治的影響力を失っていった。そのため、良房一人に権力集中がなされ、そこから、放火の首謀者は実は良房であったとか、そうとは言わないまでも、この変を最大限に利用して政敵をすべて排除していったという、良房陰謀説が生まれてきたのである。

新官人群

　これらに対し、平安初期に台頭してきた新官人群が、上級貴族の藤原氏の脅威となっていたという見方には疑問が提示されている（福井俊彦「藤原良房の任太政大臣について」）。また、左右大臣・大納言が政治的に後退し、良房のいわば一人勝ちの状態になったのは、あくまでも結果論にすぎず、そこから良房の陰謀を想定するのは穿った見方と言わざるを得ない。

放火の信憑性

結局、応天門が炎上したことについてはさまざまな憶説が出されているが、誰が放火したのかということは断定しがたい。そもそも放火という事実があったかどうかも疑わしく、単なる失火という可能性も十分有り得るのである。前述したように、当時、応天門の火災は怪異の一つとして認識されており、そのなかにかつての正倉神火《しょうそうじんか》のような疑いがもたれたのであろう。正倉神火とは、奈良時代から平安時代前期まで、各地の正倉が火災で炎上した出来事で、国司《こくし》がその焼失の原因を神火として報告したことからその名がついている。しかし実際には、幣帛班給《へいはくはんきゅう》の要求、郡司任用争い、税の虚納の隠蔽などのために放火されたものが多かった。そして、応天門の火災もそれと似たように捉えられ、放火の疑いが生じたのではなかろうか。

変の憶測

そのなかで、まず伴善男は、あるいは応天門がもともと大伴氏の守衛する大伴門だったため、自らがこの問題を解決する使命感を持ったのであろうか、日頃から対立していた源信に嫌疑をかけ、追い落とそうとする。そして、藤原良相はこれに加担しようとしたが、信にとっては寝耳に水のことであったろう。しかし、これは証拠不十分ということで、清和天皇・藤原良房によって不問に付された。

一方、今度は善男が大宅鷹取によって告発されるが、善男はこのことについて一貫して否認し続けているので、善男による放火の真実味は低いように思う。ただし、鷹取が誰の指図によって告発したのかは不明だが、信に罪をなすりつけようとしたことによって善男はかなりの反感を買い、そのために標的とされた可能性が出てくる。そして、鷹取の女子の殺害事件が起きたことから、それと併せて善男に応天門の火災の罪を被せることで結着が図られたのではなかろうか。

そして、これを期に、罪を着せられそうになった信と、良房と緊張状態にあり善男に加担しようとした良相が、急激に政治的影響力を後退させていったが、それはあくまでも結果的にそのような状況に流れていったにすぎず、当初からそこまで意図して処置されたわけではなかろう。

ただし、これらも憶測にすぎず、これ以上のことは断言できない。

三　摂政良房

良房の摂政補任

この応天門の変が進行している間、八月十九日に太政大臣藤原良房に天下の政《まつりごと》を摂《せっ》行《こう》せよとの勅が下った。良房を摂政に補任《せっしょうぶにん》したものであり、これに対し良房は、二十二日と二十四日にそれを辞退する表を奉っている。人臣で摂政となったのは良房が初めてであり、これが最初の摂政の記事である。

幼帝と摂政

しかし、清和天皇は二年前に元服《げんぷく》を済ませており、幼帝《ようてい》を代行するという後の摂政とは今回の勅は整合性を欠いている。これをどのように解釈すべきであろうか。

『公卿補任《くぎょうぶにん》』の天安《てんあん》二年（八五八）の藤原良房の項には、「十一月七日宣旨、摂政と為す」との記載がある。天安二年十一月七日は清和天皇が即位式を挙げた日であり、これによれば良房は清和天皇が即位した時に摂政に就任したことになる。ところが、『日本三代実録』をはじめ、この時に良房を摂政とする史料をほかに見出すことはできない。そのため『公卿補任』は、幼帝が即位すると摂政を置くという後世の観念からこのように記載しているのであり、天安二年の時点で良房を摂政に任じた事実はなかったとみられている。しかし、清和天皇は九歳で即位したため、意思決定、すなわち政務決裁能力を持ち合わせていなかったと考えられ、決裁を行っていたのは太政大臣の良房だったと類推できる。したがって、清和天皇が即位した天安二年から、良房は実質的に摂政であったとするのが定説となっている。

応天門の変と摂政

それでは、今回の摂政の勅はどのように位置づけられるのか。貞観六年正月に清和天皇が元服した時点で、いったん、良房は摂政を辞したという見方がある。しかし、良房はこれ以前に正式に摂政に任じられた事実がないため、それを辞すということはありえない。ただし、前述したように良房は貞観六年の冬に大病を患っており、いったん、第一線を退いていたことは確かである。そうした状況に対し、応天門の変に際して良房に摂政の勅を下し、再び政務を委ねたという見方である。

確かに、大宅鷹取の告発が八月三日であり、この勅がその十六日後の十九日に下されていることから、今回の良房の摂政は、時期的にみて応天門の変の処理のための措置であると考えるべきであろう。今回の応天門の火災に際しては、大納言伴善男と右大臣藤原良相が左大臣源信に嫌疑をかけていたというのは事実である可能性が高く、彼ら廟《びょう》堂《どう》の主要人物がこの変の渦中にあったことになり、そのため太政官の合議が機能不全に陥ってしまったことが想像される。そこで、良房を摂政に任じることで権力を集中させ、その状況を打開させようとしたのである。

そうすると、今回の良房の摂政は、応天門の変に対する一時的な措置だったということになり、そのように考えられている。確かに、変の処理であることは疑いないが、それが本当に一時的なもので終わったのだろうか。

摂政良房の実態

そもそも、良房が摂政としてどのようなことを行っていたのか、実は残存史料の性質上、判然としない。後世の摂政の概念からいえば、幼少の天皇が即位した時にその代行である摂政が置かれるので、良房は清和天皇が元服する貞観六年まで摂政を勤め、今回は応天門の変の処理のための一時的措置と解釈するのが、その通念に合致することになるだろう。

清和天皇元服以前の摂政

まず、貞観六年まで良房は何をしていたのか。

これに関して、後のことであるが、清和天皇が皇子《おうじ》の陽成《ようぜい》天皇に譲位するに際し、右大臣だった藤原基経を摂政に任じているが、『日本三代実録』貞観十八年十一月二十九日条にみえるその時の清和天皇の詔に、

右大臣藤原朝臣（基経）は、内外の政を取持《とりもち》て勤め仕え奉《たてまつ》ること夙夜《しやくや》に懈《おこた》らず、又

皇太子の舅氏《きゆうし》なり。其の情操を見るに、幼主を寄せ託すべし。然《しか》らば則《すなわ》ち少主の未だ万機《ばんき》を親しくせざるの間は、政を摂《と》り事を行うこと、近く忠仁公《ちゆうじんこう》の朕《わ》が身を保佐する如く相扶《あいたす》け仕え奉るべし。

（右大臣の基経は内外の政治を勤め奉仕すること日夜怠らず、また皇太子の外舅《がいきゆう》である。この状況において幼い天皇を託すべきである。ちょうど幼い天皇がまだ政治をみることができない間は、政務を執り行うこと、近く忠仁公〈藤原良房〉が私の身を補佐したように扶け仕えるべきである。）

とある。ここで、良房が自分を補佐したように、幼帝が政治をみることができない間、政務を行うよう基経に摂政を命じているのであるから、清和天皇が成人する以前は、良房が政務を執り行っていたように読める。ただし、摂政に任じる先例として挙げているとしても、良房が行っているのはあくまでも「保佐」にすぎないとも読み取れる。ここから、後の摂政のように、良房が清和天皇の政務を代行していたと断定するには慎重でなければならない。

また、今正秀氏は、清和天皇在位時の天皇の決裁を仰いで発布された奉勅官符《ほうちよくかんぷ》を検討し、元服以前と以後とでその数に大きな変化がないことを指摘している。そこから、元服以前の幼帝の清和天皇がそれを決裁したとは考えられないとして、それに代わって良房が太政官からの上奏に対して決裁を下していたと結論づけている（今正秀「摂政制成立再考」）。そうすると、これは日常政務の扶持《ふち》・代行という摂政の権能を行使していたことになる。清和天皇が即位した時点で、良房は事実上の摂政となったといわれるゆえんである。ただし、上奏された文書に対し、幼帝の清和天皇が形式的に決裁をしたという可能性は残り、良房が代行していたかどうかはわからない。前述したように、幼帝の即位が予想されるなかで、太上天皇《だじようてんのう》に代わってそれを後見するために良房は太政大臣に任じられた。嵯峨上皇以降もしばしば上皇が実子の天皇の政務に介入したように、あるいは、太政大臣の良房が外孫《がいそん》の清和天皇の政務に関与したこともあったのかもしれない。しかし、太政大臣は通常の太政官の政務に関わらないことも指摘されている（土田直鎮「類聚三代格所収官符の上卿」）。清和天皇が即位した時点で良房を摂政に任じた事実がない以上、良房が幼帝に代わって政務の決裁をする法的根拠は存在しない。それにもかかわらず、太政大臣で外祖父《がいそふ》ということだけで、「勅裁」が行えたというのは考えにくいのである。

伊勢斎王発遣と摂政

他方、後世、幼帝に代わって行われた摂政儀についてみてみたい。平安時代後期の儀式書『江家次第《ごうけしだい》』によれば、官奏《かんそう》、叙位《じよい》・除目《じもく》、伊勢神宮奉幣使《ほうべいし》発遣（例幣《れいへい》）において、摂政は幼帝の代行をすることになっていた。それには含まれていないが、伊勢斎王《さいおう》発遣儀も、伊勢神宮奉幣使発遣儀と類似した儀式構造を持っており、『日本三代実録』元慶《がんぎょう》三年（八七九）九月九日条に、「右大臣天皇に代わり勅《ちょく》して曰《いわ》く、（中略）是の時、天子《てんし》幼少、右大臣摂政、故に此の事を行う」とあることから、後の藤原基経は、伊勢斎王識子内親王《しきしないしんのう》の発遣にあたり陽成天皇の代行をしているのである。さらに、天慶《てんぎょう》元年（九三八）の伊勢斎王徽子《きし》内親王の発遣に際し、朱雀《すざく》天皇が物忌《ものいみ》によって出御《しゅつぎょ》しないので、摂政太政大臣であった藤原忠平が代行している。注目すべきは、それを記した『本朝世紀《ほんちょうせいき》』天慶元年九月十五日条に、「天皇御物忌に依り出御せず。然れども事其の期有り。貞観三年恬子《てんし》斎王の例に准《なぞら》えて之を行う」とあり、前述した貞観三年の清和天皇の時に行われた伊勢斎王恬子内親王の発遣儀を先例として引いていることである。ここから、良房が伊勢斎王発遣儀を代行していたとの指摘もある（榎村寛之『斎宮』）。

ところが、そのことを記した『日本三代実録』貞観三年九月朔条には、「勅して右大臣正二位《しょうにい》兼行《けんぎょう》左近衛大将《だいしょう》藤原朝臣《あそん》良相、尚侍《ないしのかみ》従三位《じゅさんみ》源朝臣全姫《またひめ》を遣わして、八省院《はっしょういん》に向かい、伊勢斎《いつき》内親王を発遣す」とあり、良房が伊勢斎王発遣儀を代行したことに触れられていない。むろん、六国史《りっこくし》にはすべての儀式が記載されるわけではなく、儀式の記事が載せられていないことをもって、儀式が行われなかったことを示すものではないことはすでに指摘されていることである。そこで、良房が伊勢斎内親王発遣儀を行ったことも省略されているにすぎないとの見方もある。しかし、『日本三代実録』は六国史のなかで最も詳細に儀式の記事を載せているもので、そこに、右大臣の良相を派遣して伊勢斎王発遣儀を行ったことが記されているにもかかわらず、良房の代行に触れていないのは、良相を上卿《しょうけい》として儀式が執り行われ、良房は代行していなかったことを示すものといえよう。したがって、『本朝世紀』に載せる貞観三年の伊勢斎王発遣儀は、摂政がそれを代行した先例としてではなく、天皇不出御でも執り行われた事例として引かれたとみるべきであり、それを天慶元年は忠平が摂政として代行したにすぎない。

結局、貞観六年以前には、良房が幼帝の清和天皇の政務を代行した決め手となる事例は見当たらず、儀式においては、逆に摂政儀が行われなかった例を見出すことができるのである。

摂政就任以降

これに対し、藤原良房が正式に摂政に任じられた貞観八年以降はどうであろうか。

除目についてであるが、『西宮記《さいきゅうき》』で諸儀式の先例を集めている勘物《かんもつ》には、除目議を始めた後、数日を経るの例として、「貞観十三年正月九日、公卿議所《ぎしょ》に着き、除目議有りと云々。二十九日、議定《ぎじょう》了んぬ、官庁に於いて召さしむ」とみえる。諸儀式書における除目の規定をみると、まず、公卿が内裏紫宸殿《ししんでん》の東に位置する宜陽殿《ぎようでん》の南廂東《みなみびさしひがし》二間《にけん》の議所に着してから御前に参上して除目が行われるとあるが、天皇が幼少の時は、摂政が議所において除目を行うことになっている。天皇自ら行う御前儀と摂政が代行する摂政儀の両方があるのだが、ここでは議所に着いて除目があったとあり、御前に移動したとないことから、後者の摂政儀と考えられる。したがって、この記事は、摂政良房による除目の例ということになり、清和天皇が二十二歳だった貞観十三年に、良房は摂政として除目を代行していたことがわかる。

以上、煩雑に事例をみてきたが、清和天皇が元服する前の貞観三年の伊勢斎王発遣儀では良房は代行しておらず、逆に元服後の貞観十三年の除目では代行していたことになる。これは前述した、良房は清和天皇が元服する貞観六年までは事実上の摂政として政務を代行し、元服後にそれを辞したが、応天門の変に際して一時的に権力が集中されたという推定とは食い違うものであり、幼帝の代行という摂政の通念と齟齬《そご》することになる。これをどのように解釈すべきなのか、以下、推論してみたい。

貞観八年に下された勅によって、良房が人臣初の摂政となったことは疑いない。しかも、幼帝の外祖父であり、前述したように、そのような摂政は良房以外には、一条《いちじょう》天皇の外祖父藤原兼家《かねいえ》と、後一条《ごいちじょう》天皇の外祖父藤原道長《みちなが》のみである。そこから、良房は摂政の理想像として捉えられるようになったと考えられる。しかし、良房以前に摂政という役職があったわけではない。すなわち、摂政という既存の役職に良房を任じたのではなく、幼帝の即位という事態に対し、天皇の外祖父であり、長年、太政官の首班を勤めた藤原氏の氏長者《うじのちょうじゃ》の良房に特別な資格を付与したとみるべきであろう。

留意すべきは、清和天皇が即位した段階では、良房を摂政に任じる勅が下された痕跡がないことである。ここから、そもそも摂政が明確な青写真をもって設置されたかどうか疑問が生じる。幼帝の代行であるという後世の摂政の概念を良房に当てはめてみると、清和天皇が元服する以前は良房が摂政として代行し、元服後は良房が摂政を辞したとみるのが自然である。しかし、当初からそのような設計図が明確に描かれていたのだろうか。摂政は設置当初、すなわち良房から、後世の幼帝代行の役職が明確化していたという指摘もあるが（坂上康俊「初期の摂政・関白について」）、最初の摂政の記事が「天下の政を摂行せよ」との動詞で表わされていることが、摂政が役職として設置されたというよりも、特別な資格として付与されたことを物語っていよう。

一方、初期の摂政・関白《かんぱく》は大きな区別はなく、後世よりも広範な権能が与えられていたとの見方が古くは一般的であった。しかし、貞観三年の伊勢斎王発遣儀では良房は代行しておらず、清和天皇の元服前に良房の幼帝代行が行われていたとしても、その権能はむしろ後世の摂政よりも制限されたものだったのではないか。

摂政の継続性

そして摂政が、天皇が元服した後にそれを辞するというのは一般的な理解であり、かなり早い段階からの認識であったと考えられる。それは、前述した陽成天皇即位時に藤原基経を摂政に任じた詔に「然らば則ち少主の未だ万機を親しくせざるの間は、政を摂り事を行うこと」とあることや、陽成天皇が元慶六年に元服した時に、基経が何度も摂政の辞職を願い出たことからうかがわれる。しかし、そうであるにもかかわらず、基経は陽成天皇が退位するまで摂政であり続けたのである。また、朱雀天皇の摂政から関白となった藤原忠平も、朱雀天皇が元服したのは承平七年であるが、関白に転じたのはその四年後の天慶四年である。

これらのことから、基経以降、摂政は幼少の天皇の代行という認識がある一方で、いったん、王権を代行することとなった摂政は、当初は、幼帝が成人したからといってその権能が単純に消滅するものではなかったと推測できる。たとえば、初期の関白は摂政経験者の優遇として任じられたことが指摘されている（坂本賞三「関白の創始」）。陽成天皇の摂政だった基経が、成人の光孝《こうこう》天皇や宇多《うだ》天皇が即位すると関白に任じられたのは、摂政として王権を代行してきた彼に対し、何らかの処遇を与えなければならなかったからである。朱雀天皇の元服後、忠平が摂政から関白に転じたのも同様の理由であり、これらは摂政の権能の終身的な継続性とでも言うべきものである。そのため、応天門の変に際し摂政とされた良房は、その権能は一時的なものにとどまらず、貞観十三年の除目議において摂政儀を行ったように、その後も王権の代行を続けたのではなかろうか。

以上のことをまとめると、良房は人臣初の摂政ではあるが、清和天皇が即位した時点ではまだ摂政に任じられておらず、幼帝の代行をしたとしても、それは後世の摂政よりも限定されたものではなかったか。そして、貞観八年の応天門の変に際し、その処理のために摂政に任じられて権力が集中されたが、いったん、付与された王権代行の権能はおいそれと消滅するものではなく、おそらく良房の死去まで継続性を持っていた。このような初期の摂政は、天皇の外祖父で長年、太政官の首班を勤めた藤原氏の氏長者という特別な臣下に与えられた特別な資格だったのであり、まだ後世の摂政のような官職化したものではなかったのである。しかし、良房は幼帝の外祖父であり、摂政の初例として後世、理想視されていったと推測される。

応天門の変と清和天皇

それでは、応天門の変に話を戻そう。鈴木琢郎氏は、『日本三代実録』元慶四年十二月四日条に載せる清和天皇（当時は上皇）の崩伝《ほうでん》に、応天門の変に触れて、

大納言伴善男の息右衛門佐中庸火を行い、応天門を焼く。事発覚《ことはつかく》するに及び、罪大逆に至り、其の父を相連ねる。然るに善男肯《あえ》て承伏せず、臣下或《あるい》は以て罪疑うべき有りと為す。天皇刑理《けいり》を執り持ちて終に寛仮《ゆる》さず。

（大納言の伴善男の子の右衛門佐中庸が放火して、応天門を焼いた。事が発覚し大逆罪となりその父も連《れん》坐《ざ》した。しかし善男は決して承服せず、臣下には冤罪を疑う者もいた。しかし天皇は刑理をもってついに許さなかった。）

とみえることから、この処断には清和天皇の意向が強く反映されたと指摘している（鈴木琢郎「摂関制成立史における「応天門の変」」）。従来、良房の主導のもとに行われたと捉えられてきたが、むしろ清和天皇の主体性が発揮された事例としている。

しかし、崩伝という性格上、往々にして誇張や美化がみられるのであり、それを差し引いてみなければならない。前述した、善男らを断罪した『日本三代実録』に載せる貞観八年九月二十二日の太政官曹司庁における宣命では、大宅鷹取の告発の後、それが真

実なのかどうか月日を延べて迷っている清和天皇の姿が垣間見られ、そこから強い主体性をうかがうには躊躇せざるを得ない。むろん、最終判断を下すのは清和天皇であるが、応天門の変によって太政官が機能不全に陥った状況を打開するために、良房を摂政として権力を集中させたのであり、従来言われている通り、良房の決断によって処理されたのではなかろうか。

良房への依存

応天門の変によって、大納言伴善男が流罪に処せられたが、それだけではない。右大臣藤原良相は良房と緊張関係にあったのではないかと推定したが、前述したように、この年の十二月八日・十一日・十三日の三度にわたって辞表を奉り、翌貞観九年二月二十三日には食封《じきふ》を返還する表も奉っている。これは、病気で体調が悪化し職務が遂行できなくなったためであって、応天門の変とは無関係との指摘もある（鈴木琢郎「摂関制成立史における「応天門の変」」）。事実、良相はその年の十月十日に死去しているのだが、変の後、廟堂での影響力を後退させていったことに変わりはない。また、この応天門の変を期に左大臣の源信は出仕をしなくなり、翌年二月二十二日には職を辞する表を奉っている。そして、翌々年の貞観十年閏十二月二十八日に死去している。したがって、応天門の変の当事者であった信・良相・善男の三人は、以後、廟堂での勢力を失っていったのである。それだけに、清和天皇は良房への依存度をさらに強めていったことが想像されよう。

これに対し、十二月八日には藤原基経が中納言《ちゅうなごん》に任じられた。基経はこの時三十一歳。良房の兄藤原長良《ながら》の子であるが、良房の養子となっており、事実上の良房の後継者である。また、前掲した『大鏡』裏書所引『吏部王記』承平元年九月四日条によれば、基経はこの応天門の変において重要な役割をはたしていた。この後、基経の活躍が目立つようになってくるのである。

藤原基経

藤原明子の内裏遷御

後宮《こうきゅう》をみると、十一月十七日に皇太后《こうたいごう》の藤原明子《あきらけいこ》が、東宮《とうぐう》より内裏の常寧殿《じょうねいでん》に遷った。明子は、清和天皇の皇太子時代から冷然院《れいぜいいん》で同居しており、天安二年、即位にあたって清和天皇が東宮に遷った時、同輿《どうよ》したのは祖母の藤原順子《じゅんし》であったが、明子も東宮北殿《きたどの》に遷って引き続き清和天皇と同居した。天皇の生母が天皇と同居するのは、内裏外に居住した文徳天皇が順子と同居してからの慣習となる。そして、清和天皇は前年の貞観七年八月に東宮から内裏に遷御し、いったん、天皇と母后《ぼこう》は離れて居住することになったが、再び同居することになるのである。常寧殿は、平安宮内裏の北に位置する後宮正殿であり、妻后のために設けられた殿舎であったが、それが母后の手に移ったのである。ここで明子が内裏に遷ったことは、後宮の中心が順子から明子に移ったことを

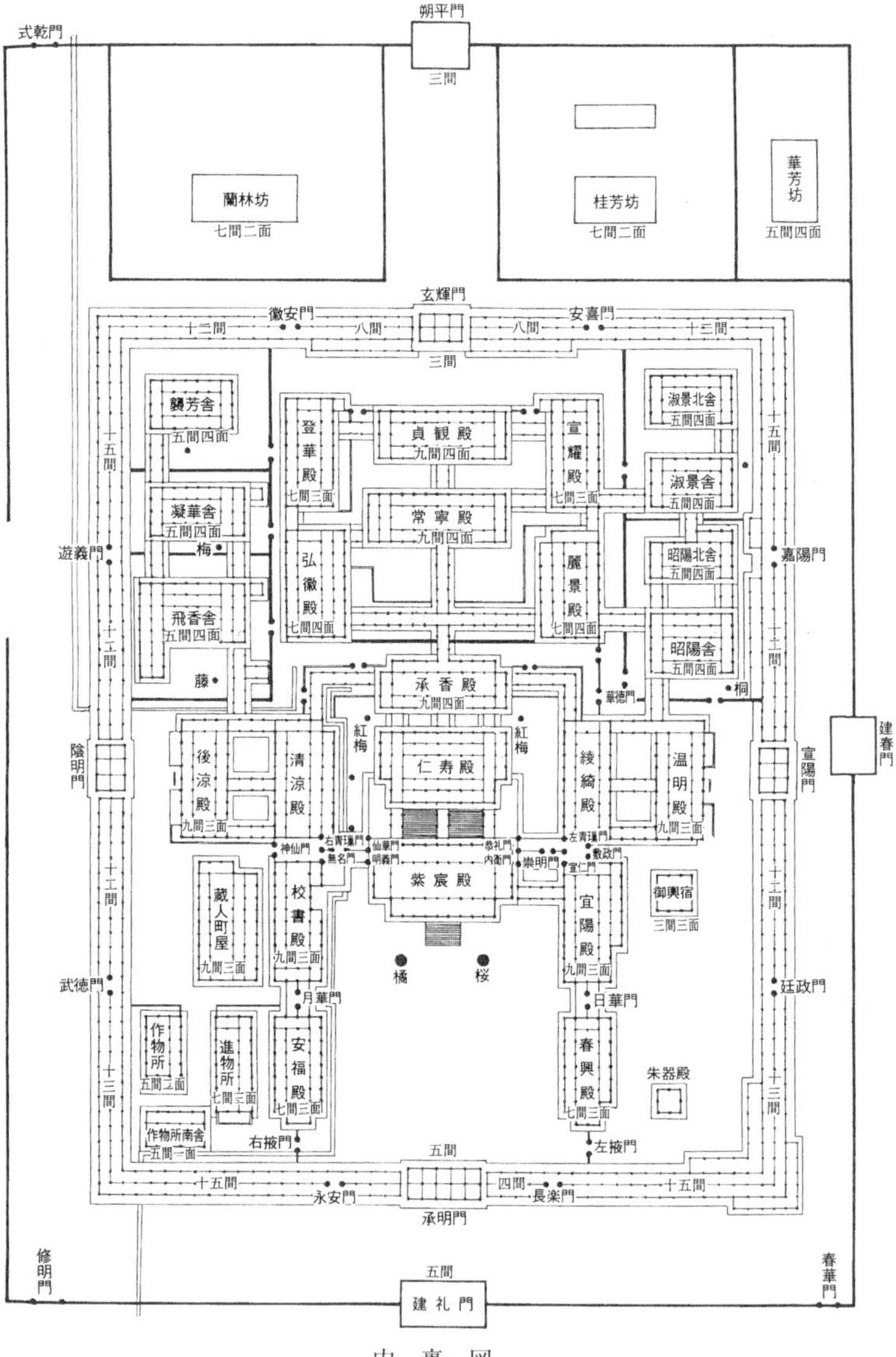

内　裏　図

（古代学協会・古代学研究所編『平安京提要』角川書店，1994年，124頁より）

意味するのであろう。これは、おそらく伴善男が、順子の太皇太后宮大夫《たいこうたいごうぐうだいぶ》を勤めていたことと関係するのではないか。

気鬱の病

なお、この時期、明子が物の怪に取り憑かれるなど気鬱《きうつ》の病に悩まされていた話が、『今昔物語集《こんじゃくものがたりしゅう》』巻第二十「染殿后《そめどののきさき》天宮の為に嬈乱《どうらん》せ被《ら》るる語」・『古事談《こじだん》』二―一・『宇治拾遺物語』巻第十五「相応《そうおう》和尚都率天《とそつてん》に上る事、付染殿后を祈り奉る事」に載せられている。明子が主体的・積極的行動をとらなかったことの要因として語られることが多いが、事実か定かではない。

藤原高子の入内

そして、十二月二十七日には、藤原高子《たかいこ》が清和天皇の女御《にょうご》となっている。高子は長良の娘で基経の妹であり、この時二十五歳。この二年前に、良相の娘の多美子が女御となり、良相の存在感が増していったことは前述したが、その良相はこのように応天門の変後に影響力を後退させていった。それに代わるようにして、ここで高子が女御となったのである。二年後の貞観十年には、陽成天皇を生むことになるが、高子と陽成天皇の二人については後述することとする。

第四　貞観格式の編纂

一　編纂事業

平高棟の死去

年が明けて貞観《じょうがん》九年（八六七）、廟堂《びょうどう》の陣容に大きな変化はないものの、二月二十九日に権大納言《ごんのだいなごん》藤原氏宗《ふじわらのうじむね》が大納言に昇任し、前年、配流された伴善男《とものよしお》の穴を埋めている。逆に、五月十九日には大納言平高棟《たいらのたかむね》が六十四歳で死去している。高棟は桓武《かんむ》天皇の孫で、天長《てんちょう》二年（八二五）に平朝臣《あそん》を賜姓《しせい》され、堂上《とうしょう》（公卿《くぎょう》）平氏《へいし》の祖となった人物である。その子孫は実務官人として代々朝廷に仕え、『平記《へいき》』と総称される多くの日記を残している。一方、高棟の弟の高見王《たかみおう》の子孫も平朝臣を賜姓され、こちらは土着して武家の棟梁となる伊勢平氏《へいし》が生まれ、桓武平氏といえば一般にこの系統を思い浮かべるだろう。そして、平安末期に平清盛《きよもり》が武士として初めて太政大臣《だいじょうだいじん》となり、平氏政権を打ち立てたのである。その清盛の妻となった平時子《ときこ》は高棟の子孫であり、時子の兄の権大納言平時忠《ときただ》は「平家にあらずんば人にあらず」と言い放ったとの逸話で有名である。

良相・信の死去

なお、二月二十二日には左大臣《さだいじん》源《みなもとの》信《まこと》が職を辞する表を奉っており、翌日には右大《うだい》臣《じん》藤原良相《よしみ》が食封《じきふ》を返還する表を奉っていて、二人は事実上の引退状態となっていたと考えられる。さらに、良相が十月十日に五十五歳で死去した。一方の信は、翌貞観十年閏《うるう》十二月二十八日に死去している。その数日前、信は摂津国《せっつのくに》に向かい野中《のなか》に出て狩りをしていたところ、馬から落ちて深泥にはまり自ら抜け出ることができず、人に助け起こしてもらって帰るも、病を発し数日を経て没したという。五十九歳であった。したがって、摂政《せっしょう》太政大臣藤原良房《よしふさ》の権限はさらに強まっていったといえる。

明子の宴

貞観九年三月十二日には、皇太后《こうたいごう》藤原明子《あきらけいこ》の常寧殿《じょうねいでん》で曲宴《きょくえん》が開かれた。曲宴とは、限られた宴という意味で、国家的な饗宴《きょうえん》よりも小規模なものである。今回は、前年十一月に明子が東宮《とうぐう》から新居の常寧殿に遷ったことを慶び開催されたもので、清和天皇が盃《さかずき》を挙げ、寿詞《よごと》を奉じ、讌《えん》（宴）語《ご》を申し上げた。早旦から暮まで感極まる宴が催され、皇太后宮の大夫《だいぶ》から舎人《とねり》まで饗禄を賜ったという。

明子の四十の算

皇太后明子は、翌貞観十年に四十歳となり、十月二十七日に賀茂斎院《かもさいいん》の儀子内親王《ぎしないしんのう》が、十一月十一日には太皇太后《たいこうたいごう》藤原順子《じゅんし》が物を献上してそれを算賀《さんが》し、親王《しんのう》以下にも禄が賜られた。儀子内親王は明子の娘で、清和天皇の同母妹である。十二月五日には明子の四十歳の慶賀《けいが》として京四十ヵ寺と平城四十ヵ寺に転経《てんぎょう》功徳《くどく》を修させている。さらに、十二月七日に常寧殿において再び曲宴が開かれ、その二日後の九日には、その余慶《よけい》として皇太后宮大夫藤原良世《よしよ》以下、十一人が叙位されている。三十日に、良房が娘である皇太后明子に物を献じているのも算賀のためである。こうして、明子が常寧殿に遷って以降、後宮《こうきゅう》における明子の存在感が増していったと考えられる。

貞明親王の誕生

この貞観十年十二月十六日の夜分、二年前の応天門《おうてんもん》の変直後に女御《にょうご》となった藤原高子《たかいこ》が染殿《そめどの》院で皇子《おうじ》を生んだ。清和天皇にとって最初の皇子貞明《さだあきら》親王であり、後の陽成《ようぜい》天皇である。貞明親王はこのわずか三ヵ月後の貞観十一年二月朔、二歳で皇太子に立てられた。

『貞観交替式』

さて、貞観十年閏十二月二十日に、『新定内外官交替式《しんていないげかんこうたいしき》』が撰修され、施行されている。この記事は、『日本三代実録《にほんさんだいじつろく》』の同日条と『類聚三代格《るいじゅさんだいきゃく》』巻十七、文書幷印事に載せる同日官符《かんぷ》に記されている。「交替式《こうたいしき》」は、「格式《きゃくしき》」ほど有名ではなく、一般には耳慣れないものかもしれない。「格」が律令《りつりょう》の補足・改正、「式」は律令の施行細則であるのに対し、「交替式」は、国司《こくし》の交替《こうたい》に関する規定を集めた「式」である。まず延暦《えんりゃく》二十二年（八〇三）に勘解由使《かげゆし》によって選定されており、これは通常、『延暦交替式』と呼ばれるものである。今回、編纂された『新定内外官交替式』は『貞観交替式』と呼ばれ、後に延喜《えんぎ》二十一年（九二一）には『延喜交替式』が選定される。嵯峨《さが》天皇の『弘仁格《こうにんきゃく》』『弘仁式』、清和天皇の『貞観格』『貞観式』、醍醐《だいご》天皇の『延喜格』『延喜式』を「三代格式」というのは有名だが、この「交替式」も桓武天皇の「延暦」、今回の「貞観」、そして「延喜」と三代にわたって編纂されているのである。

編纂事業

これに先立ち、貞観二年十二月八日には、二月・八月に孔子《こうし》を祀る釈奠《しゃくてん》の式次第を定めた「釈奠式」が頒《わか》たれたが、この後、『貞観格』『貞観式』や『儀式《ぎしき》』などの編纂事業が次々と完成していくのである。そこで、これらの編纂事業について、以下、まとめてみていきたい。

表　法典の編纂事業一覧

延暦22年(803)	『延暦交替式』
弘仁11年(820)	『弘仁格式』
弘仁12年(821)	『内裏式』
貞観10年(868)	『貞観交替式』
貞観11年(869)	『貞観格』(『続日本後紀』)
貞観13年(871)	『貞観式』
貞観14年(872)～	『儀式』
延喜7年(907)	『延喜格』
延喜21年(921)	『延喜交替式』
延長5年(927)	『延喜式』

交替式の編纂

延喜二十一年奏上の『延喜交替式』の巻頭の奏文《そうもん》に、この『貞観交替式』に触れて「貞観九年に至り、続けて亦内後〔外カ〕の事を抄し、往々案《あん》を加え、疑義を解釈し、改めて新定内外官交替式と号す」とあることから、かつては貞観九年に「交替式」の編纂に着手し、この貞観十年に完成したとされてきた。しかし、『日本三代実録』と『類聚三代格』の記載をみると、単に施行したことを記しているにすぎない。そして、おそらく『貞観交替式』の編纂に中心的に携わったであろう南淵《みなぶちの》年名《としな》と家原氏主《いえはらのうじぬし》とが、それぞれ貞観初年から貞観十年まで勘解由《かげゆ》長官と次官であったことから、その編纂が貞観九年になって開始されたとは考えられず、むしろ貞観九年に完成し翌十年に施行されたとするのが通説となっている。編纂開始がいつのことかは確定していないが、やはり年名・氏主の官歴から、両名が勘解由長官・次官に任命された貞観初年に遡ると推定されている。なお、年名はこの時参議《さんぎ》で六十二歳であった。

『貞観交替式』の構成

この『貞観交替式』は上下二巻からなっていたが、上巻は散逸しており、現在は下巻しか伝わっていない。その形式は、「式」とはいいながら令文や勅《ちょく》・官符等をそのまま引載し、むしろ「格」のような形式をとっている。これは『延暦交替式』の形式を踏襲しており、それを土台として追加・加筆するという方法が採用されている。したがって、『延暦交替式』に載せられた条文はすべて『貞観交替式』に収録されたと考えられ、それ以後の制度改訂は「新案」と付して示し、淵源が以前に遡る場合はそれを示す官符類を遡って採録している。ただし、『延暦交替式』が巻首に「撰定諸国司交替式事」とあり、国司の交替に関する格勅のみを収録していたのに対し、『貞観交替式』は『新定内外官交替式』という正式名称にみられるように、国司（外官《げかん》）のみならず京官《きようかん》（内官《ないかん》）の交替に関する規定も収録されているのである。なお、『延喜交替式』も正式名称は『内《ない》外官交替式《げかんこうたいしき》』であり、やはり京官の交替を含んでいる。

『貞観格』

続いて、翌貞観十一年四月十三日には、『貞観格』十巻と臨時格二巻が撰修された。『貞観格』は現在、伝わらないが、「弘仁」「貞観」「延喜」の三代の格を編集し直した『類聚三代格』にそれぞれの条文が分別されて収録されており、元の配列ではないが多くの条文を知ることができる。これもいつ頃、編纂が開始されたかは定かではないが、『類聚三代格』に載せる『貞観格』序によれば、藤原良相らに詔命《しようめい》が下って編纂が開始されたが、事業が進捗しなかったので、藤原氏宗らが良相とはかって事業を継続させたという。『類聚符宣抄《るいじゆふせんしよう》』第六、文譜の貞観五年五月二十七日宣旨《せんじ》に「撰格式所」がみえることから、この頃には再開されていたことは確かである。『貞観格』は、『弘仁格』が奏進された弘仁十一年（八二〇）から貞観十年までの格を所載しているが、先に編纂された『貞観交替式』に所収された格を収録していない。これは、『弘仁格』が『延暦交替式』

所収の格を収録していないことを踏襲している。そして九月七日には、この『貞観格』十二巻（臨時格二巻を含む）が内外に頒行《はんこう》された。

『貞観格』の体裁

ところで、「格」の編纂は単に過去に発布された格を集めたものではなく、現行法として効力の有するものを採択し、制度改正されたものはもとの格の一部を削除したり改変を加えたりして収録している。この方針は『弘仁格』にすでにみられたものであり、『貞観格』もそれを踏襲していた。一例として、前述した「新制」のところで触れた貞観六年正月九日の太政官符《だじようかんぷ》をみてみたい。これは、雑徭《ぞうよう》を三十日から二十日とすると定め、十日の徭役《ようえき》を免除したものである。『日本三代実録』同日条には、

百姓《ひやくせい》の徭《よう》宜しく十日を復《ふく》すべしてへり。是《こ》れ則《すなわ》ち恩を一時に下し、制を永年《えいねん》に垂《た》らす。但し徭役は、専ら国司の自為《じい》に任せ、実に公家《こうけ》の考覈《こうかく》する所に非ず。而《しか》るに或《あるい》は牧宰《ぼくさい》等偏《ひとえ》に徭民《ようみん》足らずと称し、好んで功粮《こうろう》を用《もち》う。之《こ》れ政途《せいと》を論ずるに、豈《あ》に良吏《りようり》と云わんや。宜しく公事《くじ》を眷《かえり》み、務めて方略《ほうりやく》を廻らし、民心をして肩を息《いこ》うの悦びを深くし、国政に税を用うるの費《つい》えを少なくすべし。自余《じよ》の事条は一《ひとえ》に旧例に准《なぞら》えよ。

（百姓の雑徭を十日免除すべし。これは恩を一時的に下し、永年の制を垂らすものである。但し徭役は、

専ら国司が自らの判断に任せ、公の利益を調べ考えたものではない。それなのにあるいは国司等は徭民が足らないといい、多くの徭役料を用いている。これは使い道として、どうして良い国司といえようか。きちんと公事を顧み、方略を廻らし、民衆に負担が軽くなる悦びを深く感じさせ、国政に対しての税を用いる費用を少なくすべきである。その他の事条はひとえに旧例によるように。）

とある。これに対し、『類聚三代格』巻十七、蠲免事に載せる『貞観格』貞観六年正月九日太政官符では、最後の「自余の事条は一に旧例に准えよ」の一文が削除されている。これは、『貞観格』がこの格を、雑徭を二十日に改定することを規定したのではなく、「牧宰《ぼくさい》等偏に徭民足らずと称し、好んで功粮を用う」ことを禁止するものとして収録したからと考えられる。このように、『貞観格』は編纂の事情に合わせて、元の格文に改変を加えているのである。

『続日本後紀』

この貞観十一年八月十四日には、『続日本後紀《しょくにほんこうき》』二十巻が奉られた。これは、六国史《りっこくし》のうち『日本書紀《にほんしょき》』『続日本紀《しょくにほんぎ》』『日本後紀《にほんこうき》』に続く四番目のもので、天長十年から嘉《か》祥《しょう》三年（八五〇）まで、仁明《にんみょう》天皇一代の正史である。天皇一代の正史は初めてで、実録的性格のものといえよう。六国史ではこれに続く『日本文徳天皇実録《にほんもんとくてんのうじつろく》』も一代の実録である。この『続日本後紀』の序文によると、先代の仁明天皇の正史がまだできていないので、文徳《もんとく》天皇が藤原良房・藤原良相・伴善男・春澄善縄《はるずみのよしただ》・県犬養貞守《あがたいぬかいのさだもり》の五人に撰修《せんしゅう》を命じたとあり、それは斉衡《さいこう》二年（八五五）頃とされる。当初は良相・貞守は関わっておらず、安野豊道《やすののとよみち》が参加していたが、後に出入りがあった。文徳天皇が死去したので、清和天皇が引きついだが、完成した時には良房と善縄のみが存命であった。さて、善縄は儒《じゅ》者《しゃ》であり、実質的な編纂業務を行ったのは善縄の方であるが、編纂責任者の良房は、その地位を利用して、正史のなかに自らの名を不朽に残そうとしたとの指摘がある（坂本太郎『六国史』）。確かに、自分に都合の悪いことは省くであろうが、自らの事績を顕彰しようとしたというのはやや穿った見方のように思える。なお、善縄はこの時参議で七十三歳。

『貞観式』

さらに、貞観十三年八月二十五日には『貞観式』を撰し終わった。『貞観式』の編纂開始時期も不明ではあるが、『貞観格』と同じ頃とされている。『日本三代実録』貞観十二年十二月二十五日条には、「越後隠岐《えちごおき》両国の調庸未進《ちょうようみしん》当年究《きわ》めざらば、明年十二月三十日以前を限り、究進《きゅうしん》の期と為す」から「大宰府《だざいふ》及び管内国司卒死《そつし》の者、殯斂料《ひんれんりょう》を停めよ。只し賻物《ふもつ》は賜え。諸賻物の上、兼て葬料を賜うは、同じく停止に従え」まで、三十条に及ぶ「新制」が掲載されている。これは『貞観式』頒行の前年であり、このうちのいくつかは撰式所の起請《きしょう》を経て『貞観式』の条文として定着したと推測されている（阿部猛「貞観新制の基礎的考察」）。こうして、『貞観格』に遅れること二年、貞観十三年十月二十二日に『貞観式』が内外に頒行されたのである。

『貞観式』の体裁

『貞観式』も現存しないが、逸文《いつぶん》が『本朝月令《ほんちょうがつりょう》』や『小野宮年中行事《おののみやねんちゅうぎょうじ》』などに載せられている。その一例を、『本朝月令』（四月）七日奏成選短冊《じょうせんたんざく》事に引用されているものから示すと、

貞観官式云う、凡《およ》そ諸司官人考《こう》を得幷びに成選すべき数は云々。三省、二月十一日太政官《だいじょうかん》に申せと云々。今案ずるに、十一日を改めて十日と為す。列見《れけん》旧《もと》の如し。

（貞観太政官式がいうには、およそ諸司の官人が考を得て成選する数は、云々。中務《なかつかさ》・式部《しきぶ》・兵部《ひょうぶ》の三省は二月十一日に太政官に申すように、云々。今調べるところ、十一日を十日に改めている。列見はもとの通りである。）

これは『貞観式』の太政官式の逸文である。これに対応する『弘仁式』の条文は、同じく『本朝月令』（四月）七日奏成選短冊事に引用され、

弘仁官式云う、凡そ諸司官人考を得幷びに成選すべき数は、中務・式部・兵部三省、二月十一日太政官に申せ。其れ成選叙位《じょい》すべきは、式部・兵部二省各諸司主典《さかん》以上

を率い、大臣に列見せよ（後略）。

とある。『貞観式』の「凡そ」以下は『弘仁式』の条文を引用し、「今案ずるに」以下の注の部分で、成選すべき人数を太政官に申すのが『弘仁式』で「二月十一日」だったのを、『貞観式』で「十日」に改めたことを示している。したがって、『貞観式』は先行する『弘仁式』を訂正・増補して、まったく新たに代わるべきものを作るというのではなかった。その体裁は、『弘仁式』を廃止するのではなく、訂正・増補する部分のみを集め、まず『弘仁式』の該当条文を掲げ、それをどのように改正したのかを示しているのである。こうしてみると、『貞観式』は『弘仁式』と併用するように作成されたのであり、その点、不便さが残ることとなった。したがって、独立完備した「式」の編纂は、後の『延喜式』まで待たなければならなかったといえよう。

三代格式・交替式

こうして、『貞観交替式』『貞観格』『貞観式』が相次いで編纂された。これは、平安時代初期に、『延暦交替式』『弘仁格』『弘仁式』が編纂されたのに倣ったものであるが、時が経ちそれらが現状に照らして不備になってきたことから、それを補う法典の必要性が生じ、編纂の機運が高まってきたのであろう。なお、「交替式」「格式」を同時期に編纂する形式は、後の『延喜交替式』『延喜格』『延喜式』の編纂にも受け継がれるのである。

また、貞観期には『儀式』十巻が編纂されている。平安時代後期に成立した『本朝《ほんちょう》法家文書目録《ほうかもんじょもくろく》』に、『弘仁儀式』十巻・『貞観儀式』十巻・『延喜儀式』十巻の記載があることから、「交替式」「格式」のほかに、勅撰の儀式書として三代の「儀式」が編纂されたことがうかがわれる。そして、この『儀式』十巻は、後述するように特異な篇目配列をしているが、『本朝法家文書目録』に載せる『貞観儀式』十巻のそれとほぼ一致することから、両者は同一の書と考えられ、『儀式』が『貞観儀式』にあたることに異論はない。これに対し、『弘仁儀式』は、『弘仁式』に「事儀式に見ゆ」という記載が散見されることから、その存在が想像されているが、逸文などの痕跡がまったくみられない。さらに、同時期の弘仁十二年に『内裏式《だいりしき》』という勅撰の儀式書が編纂されていることから、『弘仁儀式』は存在が疑問視され、むしろ『内裏式』こそが「弘仁」の「儀式」だったと想定されている。また、『延喜儀式』は編纂に着手されたものの、完成しなかったとみられている。したがって、三代の「儀式」のうち存在するのは貞観の『儀式』のみなのである。その成立は、巻十、奉山陵幣儀に、貞観十四年十二月十三日に十陵《じゅうりょう》に加えられた文徳天皇生母藤原順子《じゅんし》の後山階山陵《のちのやましなさんりょう》と、元慶《がんぎょう》元年（八七七）十二月十三日に

『儀式』

五墓《ごぼ》から除かれた藤原冬嗣《ふゆつぐ》の宇治墓《うじのはか》とその妻藤原美都子《みつこ》の後宇治墓《のちのうじのはか》が載せられていることから、貞観十四年十二月以後、元慶元年十二月以前とされている。

『儀式』の構成

この『儀式』は、前掲の『内裏式』の儀式文を継承しているが、『内裏式』が天皇出御《しゅつぎょ》儀のみを規定した儀式書であるのに対し、『儀式』はそれ以外の儀式を網羅しており、勅撰儀式書の完成形態であるといえる。さらにその特徴として、平安時代の他の儀式書が、年中行事・臨時公事という単純な篇目配列であるのに対し、それらが混在する特異な配列であることが挙げられる。しかしこれは、唐の『大唐開元礼《だいとうかいげんれい》』が吉礼《きつれい》・賓礼《ひんれい》・軍礼《ぐんれい》・嘉礼《かれい》・凶礼《きょうれい》の順に配列されているのに倣い、まず最初に吉礼にあたる神事・祭礼・仏事、続いて嘉礼にあたる臨時の国家的儀式と年中恒例の国家的儀式、そして最後に凶礼にあたる喪葬関係の儀式を配している。そこから、『儀式』が唐礼の理念を継受したものであることがわかる。そして途中に、年中恒例の政務儀礼・献上儀と臨時の政務儀礼を入れているが、政務儀礼にあたる儀式は唐礼にはなく日本独自のものである。したがって、『儀式』は唐礼の理念と日本の実状を併せた儀式書なのである。ただし、平安初期の弘仁期に確立した儀式次第を載せているものの、それらは少なからずこの貞観期には変容していた。それでも、『儀式』がそれを反映していないのは、あくまでも理念を追求したものであったからであろう。

検非違使式

このほかの法典編纂では、貞観十七年に南淵年名によって検非違使《けびいし》の業務を規定した「左右検非違使式《さうけびいししき》」が編纂されたことが、『本朝書籍目録《ほんちょうしょじゃくもくろく》』『本朝法家文書目録』から知られる。その前年の貞観十六年九月十四日には、検非違使が諸衛《しょえい》の舎人《となり》らが酒食を求め被物《かずけもの》を責める罪を減じることなど五条、十二月二十六日にも近京の地の非違《ひい》を糾弾すべきことなど二条を起請しているが、これは「左右検非違使式」編纂の準備作業ということになろう。

貞観期の法典編纂

以上、貞観期における法典編纂事業をみてきた。これらの編纂事業は、おおむね貞観十年代前半に完結しているが、その着手は貞観初年、あるいはそれ以前の文徳天皇の時代に遡るものである。これについても、藤原良房の功績ひいては権勢誇示と結び付ける向きもあるが、主要因ではない。むしろ、時代の推移に従って、それまでの法典の内容と現状との乖離から、純粋にそれを補う目的でなされたものとみるべきである。

二　災害と侵寇

さて、『貞観格』『続日本後紀』が撰進《せんしん》された貞観十一年は、大規模な自然災害が起きた年でもある。

五月二十六日には東北地方で大地震が起き、津波による大被害が起きた。その様子は、『日本三代実録』同日条に以下のごとく記されている。

陸奥国の地大いに震動す。流光《りゅうこう》昼の如く、隠映《いんえい》す。頃之《しばらくして》、人民叫呼《きゅうこ》して、伏《ふ》して起つこと能《あた》わず。或は屋倒れ圧死し、或は地裂けて埋殪《まいえい》す。馬牛は駭奔《がいほん》し、或は相《たが》いに昇踏《しょうとう》す。城郭《じょうかく》倉庫、門櫓垣壁、頽落《たいらく》して転覆すること、其の数知れず。海《かい》口《こう》は哮吼《こうこう》し、声は雷霆《らいてい》に似る。驚濤《きょうとう》と涌潮《ゆうちょう》と、泝洄《そかい》し漲長《ちょうちょう》して、忽《たちま》ち城下に至る。海を去ること数十百里、浩々《こうこう》として其の涯涘《がいし》を弁《べん》ぜず。原野道路、忽ち滄溟《そうめい》と為し、船に乗るに遑《いとま》あらず、山に登るに及び難し。溺死者千許《ばか》り、資産苗稼《びょうか》、殆ど孑遺《けつい》することと無し。

（陸奥国で大きく地面が震動した。流れる光は昼のごとく陰ったり照り映えたりした。しばらく、人々は叫び呼び合い、突っ伏して起つことができなかった。建物が倒壊して圧死したり、地面が裂けて埋まってしまった。馬や牛は驚きはしり、互いに躍り上がった。城郭や倉庫は、門・櫓・垣根・壁が崩れ落ちて転覆するもの数えきれない。海は口を開けて吼え、その声は雷のようであった。驚くべき大波や湧き上がる潮が、流れに遡ってみなぎり、たちまち多賀城《たがじょう》下に至った。海を去ること数十里となっても、広大でその限りを言うことができない。原野・道路はたちまちに青海原となった。船に乗る暇もなく、山に登ることもかなわなかった。溺死者は千人ばかりで、資産や植え付けた穀物は、少しも残らなかった。）

ここには、夜間に地震が起き、それによる家屋の倒壊や建物の転倒、地割れと人馬への被害、多賀城の施設も多く倒壊したことと、そして津波が川を遡って多賀城下まで達したことによる惨状が生々しく語られている。

六年前の貞観五年、御霊会《ごりょうえ》が催された直後の六月十七日に、北陸地方で山谷の崩壊と大規模な土砂災害をともなう大地震が起きたことは前述したが、数年を経て今度は東北地方で大地震が起きたのである。

地震の救済

九月七日に検陸奥地震使《けんむつじしんし》が任命された。そして、陸奥の国境の地震が最も甚だしく、海水が暴れ溢れて多賀城下まで被害をもたらしたという検陸奥地震使の報告にもとづき、十月十三日には、良民《りょうみん》・夷狄《いてき》を論ぜず賑恤《しんじゅつ》を加え、死者を埋葬し、被害の甚だしい者

末の松山
（多賀城市市民経済部商工観光課提供）

には租《そ》調を輸《いだ》すことを免除し、鰥寡孤独《かんかこどく》すなわち妻のいない男・夫のいない女・子のいない親・親のいない子など自存できない者には支援をするようにとの詔《みことのり》が出されている。

東日本大震災

平成二十三年（二〇一一）に東日本大地震が発生した時、しばしば引き合いに出された貞観大地震がこれである。ここに記されている内容が、決して大袈裟なものではなかったことが、皮肉にも東日本大震災の地震と津波の被害によって明らかになったといえよう。

末の松山

なお、百人一首《ひやくにんいっしゅ》にも収められている清原元輔《きよはらのもとすけ》の有名な和歌に、「ちぎりきな、かたみに袖をしぼりつつ、末の松山波こさじとは」というのがある。ここでの下の句は、末の松山を波が越えることがないように決して心変わりはしますまい、との意味である。「末の松山」は、松尾芭蕉《まつおばしょう》の『おくのほそ道』にも登場する景勝地であるが、海岸から本の松山、中の松山と並ぶもので、末の松山を波が越すとは、あり得ないことをたとえる歌枕《うたまくら》として使われる。しかし、末の松山はその名称から、この貞観大地震において、そこまで津波が到達したことを表しているのではなかろうか。

肥後の風水害

この貞観大地震に続いて、七月十四日には九州の肥後《ひご》国を大型台風が襲い、やはり大きな被害が起きている。『日本三代実録』同日条には、

肥後国大いに風ふき雨ふる。瓦を飛ばし樹を抜き、官舎民居転倒する者多し。人畜圧死すること勝《あ》げて計《かぞ》うべからず。潮水漲《みなぎ》り溢《あふ》れ、六郡を漂没《ひょうぼつ》す。水退くの後、官物《かんもつ》を捜《さぐ》り摭《ひろ》うに十にして五六を失う。海より山に至り、其の間の田園数百里、陥ちて海と為す。

（肥後国で大きな風雨があり、瓦が飛び樹木が抜け、役所の建物や民の住居が多く倒れ、人も家畜も圧死するものが数えきれないほどだった。潮の水も漲り溢れ、六つの郡を水没させてしまっている。水が引いた後、官物を捜し求めるに、十分の五、六を失っている。海から山までの間の田園は数百里あるが、水没して海のようになってしまっている。）

とあり、大型台風によって官民ともに多数の建物が転倒し、大風雨と高潮によって六郡では海から山に至る数百里が冠水したことが知られる。『延喜式』民部《みんぶ》上や『和名類聚抄《わみょうるいじゅしょう》』国郡部によれば、肥後国には十四郡あるが、そのうち玉名《たまな》・飽田《あきた》・宇土《うと》・八代《やつしろ》・天草《あまくさ》・葦北《あしきた》の六郡が海に面しており、高潮被害にあったのはこの六郡と考えられる。

風水害の救済

風水害と地震

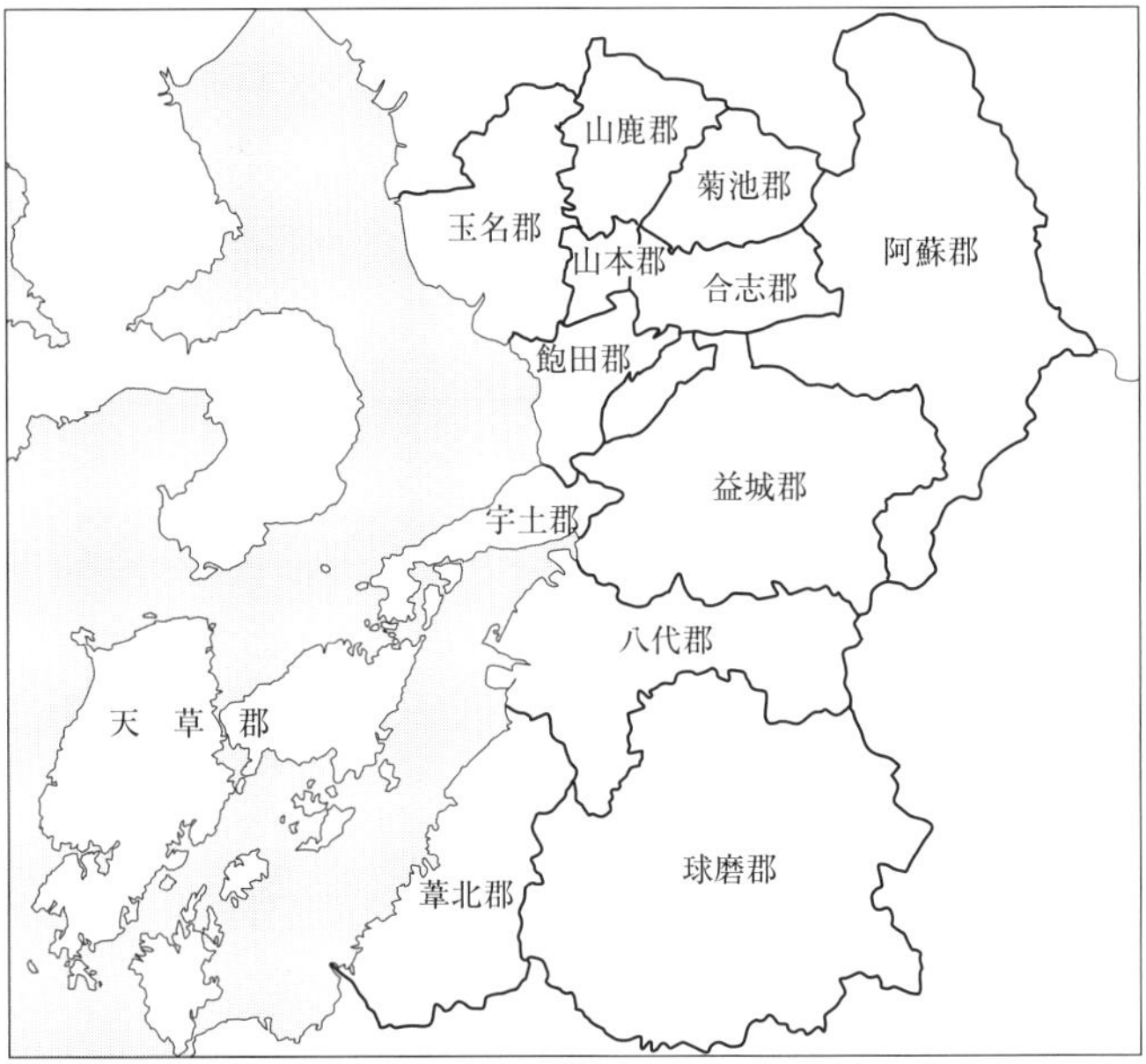

肥後国の郡

そして、陸奥国の大地震に賑恤が加えられた十日後の十月二十三日、肥後国の大型台風に対しても、大宰府に命じて災害の最も甚だしい者に四千斛《こく》の賑恤を行い、家屋や垣などが倒壊して死骸が残乱しているものは、早く処理して曝したままにしないようにとの勅が出されている。

なお、この年の十二月十四日に出された伊勢神宮奉幣使《いせじんぐうほうべいし》発遣の告文《こうもん》や、十二月二十九日の石清水神社《いわしみずじんじゃ》奉幣使発遣などの告文に、「肥後国に地震風水の災い有て」とあることから、肥後国では大型台風と同時に地震も発生したとも受け取れる。しかし、後述するように、この時の奉幣使発遣は、陸奥国の地震と肥後国の大型台風、そして新羅《しらぎ》の海賊侵寇《しんこう》を併せてなされているのであり、それらが混同したとみられ、肥後国で地震が起きたとは断定することはできない。

この肥後国の大型台風の被害は、やはり近年の台風や集中豪雨の頻発と洪水の被害を彷彿させる。この年は陸奥国の大地震と津波、肥後国の台風被害という大きな災害に見舞われた年であった。

これに先立ち、新羅の海賊の侵寇も受けている。

新羅の侵寇

新羅からの正式な使である新羅使は宝亀《ほうき》十年（七七九）から途絶え、日本から新羅への遣《けん》新羅使《しらぎし》も承和《じょうわ》三年（八三六）を最後にみられなくなる。しかし、しばしば新羅からの来航者がみられた。貞観期をみても、貞観五年四月二十一日には新羅の沙門《しゃもん》三人が博多《はかた》に来着し、鴻臚館《こうろかん》に安置した後、唐の船を待って放却している。その年の十一月十七日には、細羅国《さいらこく》の人五十四人が来着したと丹後《たんご》国から報告があった。細羅国とは新羅の東方にある別嶋であるという。同日、因幡《いなば》国から新羅人五十七人が来着した報告があり、本国に放却している。月はわからないが、新羅人三十人余りが石見《いわみ》国美乃《みの》郡の海岸に漂着した

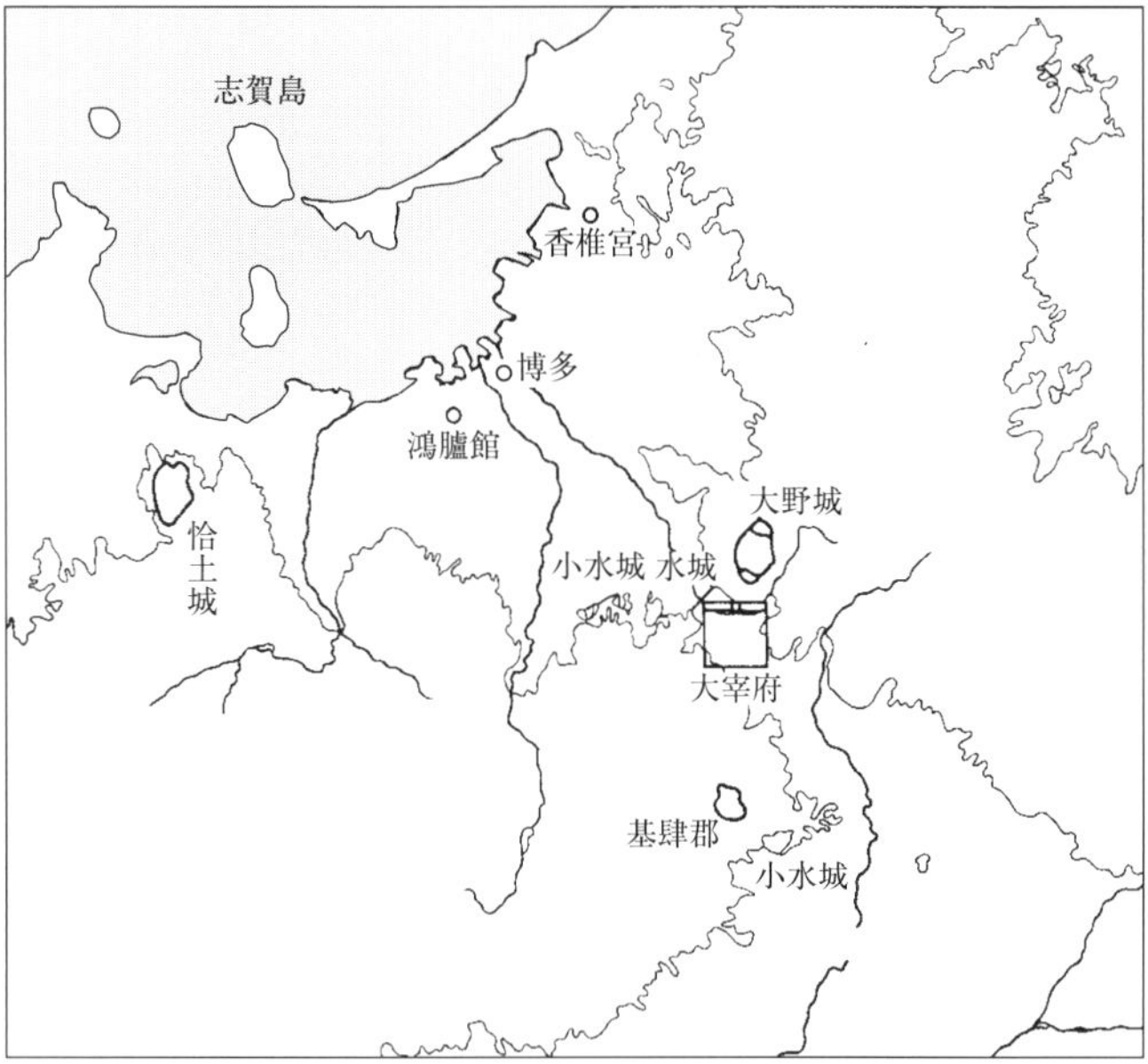

大宰府跡周辺図

といい、翌年二月に旅程の粮を与えて放却している。また、貞観八年七月十五日には、肥前国基肄《きい》郡の大領《だいりょう》の山春永《やまのはるなが》が、新羅に密入国して兵器を造る技術を学び取って帰国し、対馬嶋《つしまのしま》を占領しようと謀っているとの密告があり、同じ年、前隠岐守越智貞厚《おちのさだあつ》が新羅人と共謀して反逆しようとしているとの密告がなされたという。この貞観八年は応天門《おうてんもん》の変が起きた年であるが、その際、応天門の炎上は当初、他の怪異と同等に認識されており、その要因として隣国新羅の兵事が挙げられ、それへの警戒が命じられていたことは前述した通りである。

大宰府の言上

そしてこの貞観十一年六月十五日の大宰府の言上《ごんじょう》によれば、五月二十二日の夜、新羅の海賊が艦二艘に乗って博多の津に襲来し、豊前《ぶぜん》国の年貢の絹綿を略奪してすぐに逃げ、兵を発したものの賊を捕えることはできなかったという。養老公式令《ようろうくしきりょう》国有休息条や同国有瑞条によれば、急速の大事や境外の消息《しょうそく》がある場合には、駅馬《えきば》を乗り継いで緊急の使者を送る馳駅《ちやく》によって報告することになっており、同じく養老公式令給駅伝馬条によれば一日十駅以上進むことになっていた。ところが、今回は新羅の海賊の侵寇があってから中央政府に報告が届くまで二十日以上が経っており、日数がかかり過ぎているように思える。

大宰府への譴責

そのことから、七月朔日には勅によって次のように大宰府を譴責《けんせき》している。すなわち、貢朝使《こうちょうし》は領将《りょうしょう》と同時に進発しなければならないのに、豊前国は貢朝使のみ先発し乗っている者も弱奸《じゃっかん》の人ばかりであり、それゆえ新羅寇盗《こうとう》の侵掠《しんりゃく》を受けてしまった。このことは、たんに官物を失っただけではなく、国家の威信を損なうものであり、往古《おうこ》に聞いたことがなく、後代の面目を失うものである。これは大宰府の怠慢にほかならない。

さらに、新羅の海賊が逃げ去るにあたり、海辺の百姓五、六人が死の危険を冒して追って戦い、二人が射られ負傷した。事実であればむしろ忠敬であるのに、大宰府は申上せず、良いことは覆い隠している。禁所に入れられている人は嫌疑があったとしても拷問《ごうもん》をやめて放却せよ、と命じている。

大宰府の答申

これに対し大宰府は、新羅海賊の侵寇の日、統領《とうりょう》・選士《せんし》等が皆怖じ気づいて追討に向かおうとしなかったこと、防御の備えが十分ではなく、もし非常のことがあったらにわかに応じることができないことを言上し、徴発されている俘囚《ふしゅう》すなわち帰順している蝦夷《えみし》が胆力《たんりょく》を持つので、配置処分して不慮に備え、百人ずつ二番に分けて毎月交替して駆役し、粮量《ろうりょう》には諸国の夷俘《いふ》料の利稲《りとう》を用いることを願っている。そこで、十二月五日の勅によって、俘夷《ふい》はもともと性質が平民と異なり制御が難しく、心が離反しやすく猜疑心も強いので、監督するのに謀略を用い、統領・選士には堪能なものを長として武芸を鍛錬させることとした。ただし、百人をもって一番とするのは難しいので五十人をもって一番とすることとした。

大宰府の警固

そして二十八日、坂上瀧守《さかのうえのたきもり》を大宰府に遣わして鎮護警固《けいご》しているが、この日、瀧守は、選士を置いて甲冑《かっちゅう》を設けるのは警急に備えるためであるのに、博多の津は鴻臚館より二駅も離れており、もし不意に兵が現れたら備えが難しいので、統領一人・選士四十人・甲冑四十具を鴻臚に移し置くように、また以前は選士百人が毎月番上《ばんじょう》していたのに、今、尋常の数では不意のことに支援できないので、例番のほかにさらに他番を加え、統領二人・選士百人とするように奏上している。翌貞観十二年正月十三日には、大宰府が壱岐島《いきのしま》の解《げ》により、甲冑や手纏《たまき》を請うていたのでそれを補充し、また十五日には、甲冑百十具を鴻臚に移し置くよう大宰府に命じるなど、軍事的対処を強化していったのである。

天人相関説

このように、貞観十一年は大規模な災害と新羅の侵寇に見舞われた年だったのである。ところで、古代中国の儒教《じゅきょう》思想には天人相関説というものがあった。これは、天の命を受けた者が天子となって天下を治めるというもので、儒教道徳による善政が敷かれた時には、天は喜んでそのしるしである祥瑞《しょうずい》を表した。慶雲《けいうん》や神亀《じんき》が現れるなどがそれである。逆に、悪政が行われた時には、天は怒って天変地異すなわち地震や風水害・旱魃《かんばつ》・火災などの自然災害を起こした。それが起きた時には天子は天命を失ったとされ、その地位を追放されたが、これを易姓革命《えきせいかくめい》という。古代日本では、易姓革命の思想までは受け容れられなかったというが、祥瑞や災変が天子の政治と関連すると考えられていた。奈良時代のことであるが、天然痘《てんねんとう》の流行によって天平《てんぴょう》九年（七三七）に藤原不比等《ふひと》の四人の子供が相次いで亡くなったことや、天平十二年に九州で藤原広嗣《ひろつぐ》の乱が起きたことは、聖武《しょうむ》天皇に衝撃を与え、それが度重なる遷都《せんと》や国分寺《こくぶんじ》建立、大仏造立に影響を与えたことは広く知られている。したがって、貞観五年の疫病《えきびょう》の流行やこの貞観十一年の地震・台風などの自然災害も、天子すなわち清和天皇の政治の責任と受け止められるのである。そして、新羅の侵寇はそのような災変というだけでなく、現実的な危機と感じられたに違いない。そのため、これらのことで清和天皇が強く心を痛めたであろうことは想像に難くない。

伊勢神宮奉幣

そこで、貞観十一年十二月十四日に、陸奥国の大地震、肥後国の大型台風とともに、新羅の侵寇、さらに庁楼兵庫《ひょうご》の上に大鳥の怪があって占ったところ、隣国の兵革があることが併せて伊勢神宮に報告され、奉幣が行われた。そのなかで、「我が日本朝はいわゆる神明の国なり、神明の助け護り賜わば」や「掛《かけ》まくも畏《かしこ》き皇《すめら》が大神《おおかみ》は我が朝の大祖と御《お》わし坐《ま》して、食国《おすくに》の天下《あめのした》照らし賜《たま》い護り賜《たまえ》り」との文言がみえ、日本を神明の加護する国であるとする意識がみえている。日本の神国思想は、鎌倉時代の蒙古《もうこ》襲来において暴風雨によって元軍を撃退したことから、神風が吹いたとの認識が拡大していったが、すでにこの時期にその萌芽がみえているのである。一方、新羅に対する意識は朝貢国から「敵」へと変質している。そして、同様の報告が、二十九日の石清水神社、翌貞観十二年二月十五日の宇佐八幡大菩薩宮・香椎《かしい》・宗像《むなかた》大神・甘南備《かんなび》神へもなされており、それらの告文にもみられる。

新羅の脅威

新羅に関していえば、貞観十二年二月十二日には、海鳥を捕えるため新羅との境まで出かけ新羅国に囚われていた対馬の人が、獄を逃れてきたが、そこで新羅が対馬嶋を奪取するために大船を作り練兵している様子を目撃したと言上してきたので、縁海諸郡に警固を命じ、因幡・伯耆《ほうき》・出雲《いずも》・石見・隠岐等の国に防御の武具を修させている。二月二十日には、前年の海賊事件に関連して拘禁していた新羅人の潤清《じゅんせい》・宣堅《せんけん》等三十人と、もともと大宰府管内に居住していた新羅人を入京させ、九月十五日に陸奥国などに移住させることとした。十一月十三日には、筑後《ちくご》権《ごんの》史生《ししょう》の佐伯《さえきの》真継《まつぐ》が上京して新羅国牒《ちょう》をもたらしたが、それによると、大宰少弐《しょうに》藤原元利万侶《げんりまろ》ら五人が新羅国王と通謀して国家を害そうと欲しているとのことだったので、身柄を拘禁させている。その後もしばしば新羅人が日本に漂着し、放還させている。このように、貞観期には新羅の脅威が相応の現実味を帯びて認識されていたのである。

三　良房逝去

貞観十二年正月十三日には、廟堂《びょうどう》に大きな変動があった。貞観九年に右大臣藤原良相、翌年に左大臣源信が死去したことは前述した。その後、貞観十年二月十八日に参議藤原良縄《よしただ》が五十五歳で死去したのに対し、貞観十一年十二月八日に藤原冬緒《ふゆお》が参議になっていた。そしてここにおいて、大納言藤原氏宗を右大臣、中納言源融《とおる》と藤原基経《もとつね》を大納言、参議源多《まさる》と藤原常行《つねゆき》を中納言《ちゅうなごん》に昇任させ、源勤《つとむ》・藤原良世・在原行平《ありわらのゆきひら》を新たに参議に任じるなど、大幅な人事が行われた。一方、参議春澄善縄が二月十九日に七十四歳で死去している。これによって廟堂の顔ぶれは、

太政大臣　藤原良房
右大臣　藤原氏宗
大納言　源融・藤原基経
中納言　源多・藤原常行
参議　源生・南淵年名・源勤・藤原良世・大江音人《おおえのおとんど》・藤原冬緒・在原行平

貞観永宝

となっている。藤原氏が次第に上位を占めるようになってきている。

貞観十二年正月二十五日には新銭として貞観永宝《じょうがんえいほう》を鋳造《ちゅうぞう》する詔が発せられた。貞観元年に饒益神宝《じょうえきしんぽう》を鋳造して以来、清和天皇の貞観期では二度目の貨幣改鋳《かいちゅう》であり、同一の天皇において貨幣改鋳が二度行われるのは、仁明天皇と清和天皇の二人しかいない。前述したように、当時の銭貨の発行は、流通という経済的目的よりも王権の支配理念の発露の性格が強かったのである。饒益神宝は、清和天皇の即位と貞観改元にともなって鋳造されたが、今回の貞観永宝は、法典編纂との関連が推測される（金沢悦男「日本古代における銭貨の特質」）。前年の貞観十一年に『貞観格』が頒行され、翌貞観十三年には『貞観式』が施行されている。法典編纂にともなっての貨幣改鋳は、延暦十五年の隆平永宝《りゅうへいえいほう》（「刪定令格《さんていりょうきゃく》」施行の前年）、弘仁九年の富寿神宝《ふじゅしんぽう》（『弘仁格』『弘仁式』奏進の二年前）、今回の貞観永宝、延喜七年の延喜通宝《えんぎつうほう》（『延喜式』編纂の二年後、『延喜格』施行の前年）の四回ある。法の制定と統制は治政の根本であり、天命を具現する王権の大事であった。一方、貨幣は王権の発行物であり、今回の詔においても、「庶下民の宜しきを得るを俾《たす》け、将に上天の冥祐《みょうゆう》を招かんとす」とあるように、天命による貨

貞観永宝

幣の発行であることを強調している。法典編纂と併せて行われた今回の貨幣改鋳も、王権の支配理念を仮託したものであることは疑いない。

なお、二月二十三日に藤原冬緒が烽燧《ほうすい》（のろし）を調練することをはじめとする四事を起請し、三月十六日には小野春風《おののはるかぜ》が介冑《かいちゅう》を補助する保侶《ほろ》を縫い造ることなど二事を起請した。新体制が早くも始動した感がある。このことも併せて、貞観永宝の新鋳は、前年の災害や新羅の侵寇に対して、政治や人心を一新する意図もあったと思われる。そして八月五日には、鋳銭司《じゅせんし》が新銭一千一百十貫文を進め、勅によって太皇太后《たいこうたいごう》藤原順子・淳和院《じゅんないん》正子《まさこ》内親王に新銭を献上し、東宮その他の親王以下、諸司六位官人や諸衛府《えふ》の駕輿丁《かよちょう》・衛士《えじ》に至るまでその下賜に預かった。また、十一月十七日には、賀茂神社《かもじんじゃ》以下の諸社に新銭が奉られている。

皇子の誕生

九月十三日には、女御藤原高子から第四皇子の貞保《さだやす》親王が誕生した。皇太子貞明親王の同母弟である。この間、清和天皇には、橘休蔭《たちばなのよしかげ》の娘との間に第二皇子貞固《さだかた》親王、藤原仲統《なかむね》の娘との間に第三皇子貞元《さだもと》親王が生まれていた。

紫宸殿の政務

そして、『貞観式』が撰進・施行された貞観十三年には、二月十四日に清和天皇が初めて紫宸殿《ししんでん》に出御して政事《まつりごと》を視《み》たという。これは、本書の冒頭にも掲げた『日本三代実録』同日条に記されていることで、仁明天皇の承和期以前は天皇は毎日紫宸殿に出御して政務を視ていたが、文徳天皇の仁寿《にんじゅ》期以降は途絶えていたとのことである。

そもそも奈良時代、内裏《だいり》と大極殿《だいごくでん》・朝堂院《ちょうどういん》とが一直線上に並ぶ構造の平城宮においては、天皇がどこで政務を視ていたのかについて、毎日大極殿に出御していたのか、日常的に内裏で視ていたのか定かでない。これに対し、長岡宮で延暦八年に内裏が東方に遷されたことにより、内裏と大極殿・朝堂院とが分離した。そして、その構造を受けついだ平安宮においては、当初から天皇は紫宸殿に出御して政務を視ていた。そのことは、後年、宇多《うだ》天皇が譲位するにあたって醍醐天皇に示した『寛平《かんぴょうの》御遺誡《ごゆいかい》』に、桓武天皇は毎日、南殿《なでん》帳中に御《ぎょ》して政務を執っていたとあることからわかる。しかし、父の文徳天皇以後、それが途絶えていたのである。

これはたんに日常政務に限ったことではない。平安初期には天皇が紫宸殿に出御して行われていた四月・十月の旬政《しゅんせい》、任官・奏成選短冊（擬階奏《ぎかいのそう》）・奏銓擬郡領《せんぎぐんりょう》（郡司読奏《ぐんじどくそう》）などの政務儀礼、献御杖《みつえ》（卯杖《うづえ》）・進御暦《おんこよみ》（御暦奏）などの献上儀、奏御卜《みうら》（御体御卜《おおみまのみうら》）などの神事にも、文徳天皇から出御しなくなっているのである。このように、当時は政務や政務儀礼への天皇の不出御が常態化していたのである。これは、文徳天皇や清和天皇も貞観七年まで内裏に居住していなかったことも関係するが、文徳天皇は病弱であり、清和天皇が幼帝であったことが影響していたと考えられる。

これに対し、二十二歳に達していた清和天皇がここで初めて政務を視たのであり、当時、皆それを慶んだという。この三日後の十七日にも、清和天皇は紫宸殿に出御して政務を視ている。

出御と不出御

ところが、その後、また清和天皇の政務への出御記事は途絶えてしまう。清和天皇は幼帝として即位したため、当初、政務や政務儀礼に出御しなかったとしても、元服《げんぷく》後も出御していないのである。これは、元日節会《がんじつのせちえ》・白馬節会《あおうま》などの諸節会や観射《かんしゃ》（射礼《じゃらい》）など、官人が一堂に会して行われる国家的饗宴にはほとんど出御し続けたのとは対照的である。これらの国家的饗宴は、天皇を頂点とする宮廷秩序を具現化し、支配者層としての一体感を高揚させる場でもあり、幼帝であっても出御する必要があった。一方、平安初期以降の官僚機構の整備によって、天皇が直接、国政を領導しなくとも支障をきたさない機構が確立していたことが、天皇が政務や政務儀礼に出御しなくなることを可能としたのであり、内裏外に居住していたことや幼帝であったことから、清和天皇は当初から、それらに出御しなかったのである。そして不出御が重なることによって、不出御儀が一層、整備されていったと考えられる。さらに、幼帝として政務に直接関わっていなかったことが、成人後の政務への関与の仕方にも影響を与えたと推測することもできよう。この後も、清和天皇が主体的に政務に関わる姿は見受けられないのである。

良房准三宮

なお、三月二日には藤原家宗《いえむね》が参議に任じられている。

四月十日には、藤原良房に封戸《ふこ》三千と内舎人《うどねり》二人、左右近衛《このえ》・左右兵衛《ひょうえ》各六人、帯《たい》仗資人《じょうしじん》三十人の随身兵仗《ずいじんひょうじょう》を給し、三宮《さんぐう》（太皇太后宮・皇太后宮・皇后《こうごう》宮）に准じて年官《ねんかん》を与える勅が下された。これに対し、良房は四月十四日・十八日・五月六日の三度にわたって辞退する抗表《こうひょう》を奉っているが、許されず給されている。これは、良房が太政大臣・摂政で天皇の外祖父《がいそふ》であったことによるのであり、三宮に准ずる待遇を受けることで、王権の末席に位置づけられることになったと考えられる。この後、藤原基経・藤原忠《ただ》平《ひら》・藤原兼通《かねみち》・藤原兼家《かねいえ》・藤原道長《みちなが》・藤原頼通《よりみち》に准三宮《じゅさんぐう》宣下がなされるのであり、外戚《がいせき》の摂政に准三宮宣下される先蹤《せんしょう》となった。

藤原順子の死去

九月二十八日には清和天皇の祖母、太皇太后順子が死去した。六十三歳であった。順子は、藤原良房・良相の同母妹にあたる。仁明天皇の後宮に入り文徳天皇を生み、北家《ほっけ》藤原氏の冬嗣の系統の繁栄の基礎を築いたといえる。清和天皇が践祚《せんそ》して東宮に入る時に同輿《どうよ》したが、貞観元年四月に東宮を退去してからは五条宮に居住していた。貞観三年二月には天台座主《てんだいざす》円仁《えんにん》から菩薩戒《ぼさつかい》を受けている。姿色《ししょく》は美しく、雅性《がせい》は和厚《かこう》であったという。

清和天皇の服喪

十月五日に、順子が山城国《やましろ》宇治《うじ》郡後山階山陵に葬られた。清和天皇は錫紵《しゃくじょ》（薄墨色の衣）を服し、近臣は皆素服《そふく》であった。なお、養老喪葬令《そうそうりょう》服錫紵条には、二等親以上が死去した場合、天皇は錫紵を服し、心中で哀悼の意を示すとの規定があるのみであり、服喪《ふくも》するのか、その場合の喪服はどうするのかが定かでなかった。この時、清和天皇がそのことに疑いを持ち、諸儒七人に議させている。結局、錫紵を三日服し、五ヵ月間心喪に服すと朝議によって定められた。

応天門の完成

十月二十九日、応天門が完成した。応天門と東西楼は貞観八年閏三月十日に炎上し、その年の六月三日に早くも造営のための木材を伐採するために、近江国《おうみ》・丹波国《たんば》に木工《もく》寮《りょう》の官人が派遣された。しかし、応天門の再建にはすぐに着手できなかったようで、貞観十年二月十三日にようやく応天門の造営を始め、会昌門《かいしょうもん》前で大祓《おおはらえ》を行い、手斧始めが行われている。そしてこの貞観十三年になって完成の目途がたったのか、五月二十九日には、応天門を造作していた工匠以上に酒饌を賜い饗宴が行われ、この日、応天門が完成し、所司《しょし》に饌《せん》を設け、大工以下を饗し、公卿もそれに預かっている。

応天門の門号

なお、これに先立つ十月二十一日、応天門の門号を改めるかどうかで議論が行われている。大学頭《だいがくのかみ》兼文章博士《もんじょうはかせ》巨勢文雄《こせのふみお》は、中国の例を挙げ、唐の玄宗《げんそう》皇帝の天宝《てんぽう》二年（七四三）に東京（洛陽《らくよう》）応天門が火災にあった際、乾天門《けんてんもん》と改めており、「天災に応じる」にも通じることから、改名して嘉名をつけることを主張している。これに対し、大学博士《だいがくはかせ》菅野佐世《すがののすけよ》・助教《じょきょう》善淵永貞《よしぶちのながさだ》・船副使麻呂《ふねのふくしまろ》らは、魯《ろ》の定公《ていこう》二年（紀元前四八三）に雉門《ちもん》が火災にあった際、天災であったのに名を改めておらず、まして今回の応天門の火災は人災なので改める必要はないとしている。後者の議が採用されたのか、結局、応天門の門号が改められることはなかった。

咳逆病の流行

貞観十四年正月二十日に京に咳逆《がいぎゃく》病が流行し、多数の死者が出たので、建礼門《けんれいもん》前で大祓が行われた。これについては、前年十二月十一日に渤海《ぼっかい》客使楊成規《ようせいき》ら百五人が加賀《かが》国の岸に入覲《にゅうきん》してきたが、彼らが流行らせたという噂が広まった。この時の渤海客使は、五月十五日に入京し鴻臚館に安置され、十八日に渤海国王の啓《けい》と中台省牒《ちゅうだいしょうちょう》が奉られた。それから、交易をしたり宴を催したりし、二十五日に清和天皇の勅書《ちょくしょ》と太政官牒を賜った後、帰国している。

なお、二月七日には、右大臣の藤原氏宗が六十三歳で死去した。

良房の咳病

藤原良房も咳病を患った。良房はこれ以前、内裏に直盧《じきろ》を賜り常に禁中《きんちゅう》に留まっていたが、二月十五日に退出して私邸に戻った。三月七日には銭五十万を祈禱の費用に充て、九日には病気平癒のため常赦が行われている。

八月二十五日には、大納言源融を左大臣、藤原基経を右大臣、中納言源多と藤原常行を大納言、参議南淵年名と藤原良世を中納言に昇任し、菅原是善《すがわらのこれよし》・藤原仲統《なかむね》・源能有《よしあり》を新たに参議に任じている。大幅な人事異動となるが、これは、二月に右大臣の氏宗が死去し、ここでまた、摂政太政大臣の良房の病状が思わしくないことに対応した措置であろう。

源能有

なおこのうち、源能有は清和天皇の異母兄にあたる。母は伴氏で、仁寿三年（八五三）に源姓を賜った。この後、元慶六年に中納言となり、特に宇多天皇の信任を得て寛平《かんぴょう》三年（八九一）に大納言、寛平八年に右大臣にまで昇ったが、翌年六月に五十三歳で死去した。

二十九日には皇太后の藤原明子が染殿宮に幸しているが、これは父の良房を見舞ったついでではなかろうか。

良房の死去

そして九月二日に、ついに藤原良房が東一条第《ひがしいちじょうてい》で死去した。六十九歳であった。九月四日には、左右兵庫と左右馬寮《めりょう》が監護され、伊勢《いせ》・近江・美濃《みの》の三関《さんげん》が警固された。良房には正一位《しょういちい》が加贈され、美濃国が封じられて、「忠仁」という諡《おくりな》が与えられた。後に「美濃公」「忠仁公《ちゅうじんこう》」といえば良房をさす。食封・資人は生前のままとされ、良房は山城国愛宕《おたぎ》郡白川辺《しらかわべ》に葬られた。八日には、左右兵庫・馬寮の監護と伊勢・近江・美濃の固関《こげん》が解かれている。

良房の権力集中

良房は、嵯峨天皇の信任厚かった藤原冬嗣の次男で、嵯峨天皇の皇女《こうじょ》源潔姫《きよひめ》を妻とした。仁明天皇の皇太子時代から仕え、仁明天皇が即位してから急激に昇進し、承和九年の承和の変に際し、廟堂第六位であったにもかかわらず皇太后橘嘉智子《かちこ》と事を処理した。嘉祥元年には右大臣となり、斉衡元年に左大臣源常《ときわ》が死去すると、良房は廟堂の首班となり、その後、十八年間、政治を主導し続けてきた。その間、臣下として初めて生前に太政大臣に任じられており、さらに摂政となったのも良房が初である。

このように、良房は今までにない破格の待遇を与えられたが、それは、甥にあたる文徳天皇、外孫の清和天皇が即位したからにほかならない。従来は、このことを良房の権力欲の産物と捉え、当時のさまざまな施策も、良房の権勢を高めるために行われたと捉える向きがあった。さらに、承和の変で伴健岑《こわみね》・橘逸勢《はやなり》が流罪になったのみならず、大納言藤原愛発《ちかなり》・中納言藤原吉野《よしの》が免官されたのも、応天門の変で大納言伴善男が流罪となり、左大臣源信・右大臣藤原良相が政治的影響力を失ったのも、良房の陰謀として語られることがあった。しかし、良房が太政大臣に任じられたのは、幼帝即位による不安定さを回避するための措置であり、天下の政を摂行させた(摂政)のも応天門の変を処理するための権力付与である。また、承和の変・応天門の変によって失脚していった人々がいたとしても、それは結果的にそうなっただけであって、良房が他氏排斥を謀ったというのは、穿った見方と言わざるを得ない。

むろん、良房には、血縁に繋がる皇子を皇位に就けたいという願望はあったであろうが、直系継承原理が確立したことで、文徳天皇・清和天皇は最も皇位にふさわしい存在だったのである。そのうち、特に幼帝で即位した清和天皇を輔弼《ほひつ》することに良房は尽力したとみるべきであろう。そのため、最終的には准三宮の待遇が付与されたのである。そのような良房がここに死去したことは、まさに「巨星墜つ」と言うべきであろう。

清和天皇と良房

一方、清和天皇にとっての良房は、外祖父であり、絶大な信頼を寄せる存在であったことは周知の通りである。これは元服した後も続いたのであり、応天門の変において源信に嫌疑がかかった際に、良房の意見を容れて判断を下した話が『大鏡《おおかがみ》』裏書《うらがき》所引

『吏部王記《りほうおうき》』や『宇治拾遺物語《うじしゅういものがたり》』『伴大納言絵巻《ばんだいなごんえまき》』にみられるが、その姿からも清和天皇が全面的に良房を頼りにしていたことがうかがわれる。その良房がここで死去したことは、清和天皇にどのような影響を与えたのか。清和天皇はこの時、二十三歳に達しており、もはや摂政の代行を受けるような年ではない。そのため、その後の治世に大きな支障をきたすことはないように思える。しかし、清和天皇は幼少の頃より庇護を受けてきたことから、もともと積極的に政務に関わってきたわけではなかった。後述する清和天皇の崩伝《ほうでん》には、良房の死後、天皇は自ら政事を視たとあるが、これは崩伝による誇張と考えられる。ここで良房という支えを失ったことで、政務に主体性を発揮するというよりも、むしろ政治への意欲には負の影響を受けたように思える。それでも、清和天皇の治世はその後、四年続くのである。

十陵四墓の改廃

十二月十三日には、桓武天皇の母高野新笠《たかののにいがさ》が国忌《こき》から除かれた。そして、前年の太皇太后藤原順子、今回の良房の死去により、荷前《のさき》の対象となる十陵から、やはり高野新笠の大枝《おおえ》山陵が除かれ、順子の山城国宇治郡後山階山陵が加えられ、さらに良房の山城国愛宕郡愛宕墓《おたぎのはか》が加えられ、四墓《しぼ》から五墓となった。

廟堂の新しい布陣

貞観十五年、前年八月の議政官《ぎせいかん》の除目《じもく》と九月の良房の死によって、廟堂は様変わりしている。

左大臣　源融
右大臣　藤原基経
大納言　源多・藤原常行
中納言　南淵年名・藤原良世
参議　源勤・藤原家宗・大江音人・藤原冬緒・在原行平・菅原是善・藤原仲統・源能有

という布陣で、残りの清和天皇の治世をまかなっていくこととなる。このなかで、政権の中枢を担ったのは、良房の後継者であり右大臣となった基経である。

親王宣下

四月二十一日には、清和天皇の八人の皇子女を親王（内親王）とした。貞固親王・貞元親王・貞保親王のほか、藤原良近《よしちか》の娘が生んだ貞平《さだひら》親王、棟貞《むねさだ》王の娘が生んだ貞純《さだずみ》親王、藤原諸葛《もろくず》の娘が生んだ孟子《もうし》内親王、在原行平の娘が生んだ包子《ほうし》内親王、女御藤原高子が生んだ敦子《とんし》内親王である。また、賀茂岑雄《かものみねお》の娘が生んだ長猷《ながかず》、大野鷹取《おおののたかとり》の娘が生んだ長《なが》淵《ふち》、佐伯子房《こふさ》の娘が生んだ長鑒《ながみ》、長猷と同母の載子《たいし》の四人の皇子女を源氏《げんじ》賜姓し、左京一条一坊に貫隷《かんれい》（本籍として登録）した。第一皇子の貞明親王が生まれたのが五年前の貞観十年十二月だったので、その後、多くの皇子女が誕生したことになる。

染殿と皇太后職院

貞観十六年になると、二月六日に皇太子貞明親王が東宮より参内し、群臣に宴飲《えんいん》が賜られた。この時、貞明親王は七歳。日が暮れて東宮に戻っている。

二月二十七日には、皇太后明子が、染殿宮から左近衛府西にある職院に移ったが、公卿がこれを迎え、所司が供奉《ぐぶ》・陪従《べいじゅう》した。三月九日には左近衛府が皇太后職院に献物している。十九日には、清和天皇が皇太后宮で宴を設けている。染殿は明子の父藤原良房の居所であったが、二年前に明子が幸じており、それ以降に明子は染殿に居住していたことがうかがわれる。なお、ここから明子が染殿后と呼ばれたのは前述の通りである。

二宮大饗

貞観十七年の正月二日には、親王以下次侍従《じじじゅう》以上が皇太后宮・東宮に参り宴が賜られた。もともと、正月元日に天皇に対する拝賀《はいが》儀礼である朝賀《ちょうが》と饗宴である元日節会が行われるのに対し、翌二日に、皇后受賀儀礼と皇太子拝賀儀礼が行われることになっていた。これら二つの儀礼は平安初期に成立し、『儀式』にもその式次第が規定されている。しかし、実例としては、天長五年正月二日の皇后正子内親王への奉賀《ほうが》、天長七年正月三日・天長八年正月二日・天長九年正月二日の皇后正子内親王と皇太子正良《まさら》親王（仁明天皇）への拝賀がみられるが、その後、途絶えていた。今回はそれを復活したことになるが、皇太子貞明親王はまだしも、明子は皇太后であって厳密にいえば皇后受賀儀礼ではない。このような皇太后宮・東宮への拝賀・饗宴は、翌貞観十八年正月二日にも催されている。なお、後の醍醐天皇の頃に、正月二日に中宮《ちゆうぐう》（皇后）・東宮を公卿以下六位以上が拝賀する二宮大饗《にぐうのだいきよう》が成立するが、太皇太后や皇太后が奉賀を受ける場合もある。今回の二例は、その過渡的形態とみるべきか。

清和天皇の学問

四月二十三日には皇太子貞明親王が初めて千字文《せんじもん》を読んだ。東宮学士《とうぐうがくし》の橘広相《ひろみ》が侍読《じとう》となり、終わると親王公卿に宴飲が賜られた。前年閏四月二十八日に清和天皇は『群書《ぐんしよ》治要《ちよう》』を読み終えている。『群書治要』は、唐の貞観五年（六三一）に、太宗《たいそう》の勅によって群書中より君主の治政の要となる文を抄出編集した書で、日本でも歴代天皇の帝王学の書として尊重された。そしてこの年四月二十五日には、清和天皇に対し菅原是善・菅野佐世・善淵愛発《ちかなり》らが『群書治要』の講義をし、宴が催された。そこで詩が賦《ふ》され、大江音人が序を作り、楽も奏された。二十八日には、清和天皇は司馬遷の『史記《しき》』を読んでいる。清和天皇が学を好んでいたことがうかがわれる。

貞辰親王

十月十五日には、藤原基経の娘佳珠子《かずこ》が生んだ貞辰《さだとき》を親王としている。時に二歳。なおこの年、二月十七日に中納言藤原常行が四十歳で死去し、六月六日には参議藤原仲統が五十八歳で死去している。代わりに、九月七日に源舒《のぶる》が参議に任じられている。

親王宣下と源氏賜姓

貞観十八年三月十三日には、更衣《こうい》の在原行平の娘が生んだ貞数《さだかず》を親王に、更衣の藤原良近の娘が生んだ識子《しきし》を内親王に、更衣の佐伯子房の娘が生んだ長頼《ながより》に源氏賜姓している。貞数親王と長頼はともに二歳、識子内親王は三歳であった。十一月二十五日にも、更衣の藤原諸藤《もろふじ》の娘が生んだ貞真《さだざね》、更衣の藤原直宗《なおむね》の娘が生んだ貞頼《さだより》を親王としている。ともに一歳であった。

大極殿火災

四月十日夜、大極殿が火災に遭い、小安殿《こあどの》や蒼龍《そうりゅう》・白虎《びゃっこ》の両楼、延休堂《えんきゆうどう》および北門、北東西三面廊百余間が延焼し、数日間燃え続けたという。翌日、付け火の疑いで、安倍《あべの》房上《ふさうえ》・笠弘興《かさのひろおき》を追禁《ついきん》している。なお、前年の正月二十八日夜に冷然院《れいぜいいん》で火災があり、殿舎五十四宇が延焼し、秘蔵の図籍《ずせき》・文書が灰燼に帰したという。翌日まで燃え続け、消火にあたった者が死亡している。その年の十一月十五日には、陰陽寮《おんみょうりょう》が明年は水《すい》旱《かん》・疾疫《しつえき》・兵喪《ひょうそう》・火災が並びに起きると言上している。貞観十八年七月二十一日に大極殿の作事を始めているが、ここ数年の天災やこの火災は、清和天皇に衝撃を与えたであろう。

そしていよいよ、清和天皇が譲位するのである。

第五　譲位と出家

一　譲　位

譲位の意向

貞観《じょうがん》十八年（八七六）十一月二十七日、清和天皇は染殿院《そめどののいん》に幸した。染殿は前述したように、藤原良房《ふじわらのよしふさ》の邸宅であったが、皇太后《こうたいごう》の藤原明子《あきらけいこ》が居所としていた。ここでその七町の南半が清和天皇に供され、この後、譲位後の居所すなわち後院《ごいん》となる。そこが清和院《せいわいん》と呼ばれるようになり、これに因んで清和天皇の諡号《しごう》が贈られたのである。翌二十八日、清和天皇はいよいよ譲位の思し召しを示し、使いを遣わし、不慮に備えて内外の要害を守らせた。左右馬寮《めりょう》・左右兵庫《ひょうご》を監護《かんご》せしめ、さらに、藤原保則《やすのり》に近江国逢坂関《おうみのくにおうさかのせき》、藤原有年《ありとし》に伊勢《いせ》国鈴鹿《すずか》関、清原惟岳《きよはらのこれおか》に美濃《みの》国不破《ふわ》関を警固《けいご》させて、おのおの、勅符《ちょくふ》と木契《もっけい》をもたらし固関《こげん》をしている。なおこの日、淳和太皇太后正子内親王《じゅんなたいこうたいごうまさこないしんのう》が使いを遣わして起居《ききょ》を問い、天皇はそれに答えている。

譲位

譲位の詔

そして二十九日、皇太子貞明親王《さだあきらしんのう》は東宮《とうぐう》を出て牛車《ぎっしゃ》に駕《の》り染殿院に詣《もう》で、そこで清和天皇は皇太子に譲位した。この時、清和天皇は二十七歳であった。一方、皇太子はまだ九歳と幼少だったので、さらに、右大臣《うだいじん》藤原基経《もとつね》に幼主《ようしゅ》を輔《たす》け天下の政《まつりごと》を摂行《せっこう》させる詔《みことのり》を出した。清和天皇が発したその詔の内容は、おおよそ次のようなものである。

自分は徳が薄いのに皇位を継ぎ、日夜慎んできた。しかるに、長く君臨するも熱病が頻発し、体が病弱で朝政《ちょうせい》を聴くに堪えない。それだけでなく、近年、災異が頻発し天下が安らかにならない。このことを思うごとに憂傷《ゆうしょう》がいよいよ深く、皇位を棄てて病気を治し、国家の災害を鎮めようと思い年が過ぎた。皇太子の成人を待って数年を経たが、自分も昔、幼くして皇位を継ぎ、賢臣の補佐によって今日まで至っている。したがって、良きたすけがあれば皇太子の成人をどうして待つことがあろうか。そこで、皇太子の貞明親王に皇位を授け、皆が清直《せいちょく》な心をもって皇太子をたすけ導けば、天下は平らかになるだろう。左大臣《さだいじん》の源融《みなもとのとおる》は性粛疎《せいしゅくそ》にして朝務に仕えることに耐えられないことを前々から申し乞うのでその志を奪わず。右大臣の藤原基経は内外の政を勤めることと夙夜《しゃくや》にうとまず、また皇太子の外舅《がいきゅう》である。幼主が万機《ばんき》を親しくせざる間は政を摂行すること、近く藤原良房が自分を補佐したように、助け仕え奉《たてまつ》るように。また、太《だ》上天皇《じようてんのう》の尊号は止め、服御《ふくぎよ》の者も停止するように。このような時に、天下を乱そうとする者もいるが、そのようなことを考えず、二心なく仕え奉るように。

そして、皇太子は天子の神璽《しんじ》・宝剣《ほうけん》を受け、鳳輦《ほうれん》に乗って東宮に還った。文武百官が新天皇に付き従ったのは常の儀のごとくであった。ここで天皇が内裏《だいり》を退去し、皇太子に神璽・宝剣等が奉られる手順は、『儀式《ぎしき》』巻五、譲国儀の規定の通りである。

譲位の理由

以上のように、清和天皇の譲位は、病気がちであったことと、ここ数年の災害に心を痛めていたことに理由が求められる。後年の清和天皇の仏道への帰依をみるにつけ、その思いは信憑性が高い。しかしそれだけではなく、さらに、自分が健在のうちに皇太子に譲位し、自らの系統に皇位を繋げようとしたのではないかと予想される。後の陽成《ようぜい》天皇の行動から類推するに、その資質には疑問があり、皇位が安定的に継承されていくか不安があったのではないか。そこで、まだ皇太子が幼少であったものの、皇位を確実に繋げるため、この時点で譲位を行ったとも考えられるのである。

藤原基経の摂政就任

そして、清和天皇の詔によって藤原基経を摂政としているのであるが、これには皇太子の外舅であることと、藤原良房の先例にその正当性が求められていることが注目される。基経は皇太子の母藤原高子《たかいこ》の兄であり、良房が清和天皇の幼少から輔弼《ほひつ》したように、幼少の天皇を補佐することによって滞りなく政務が行われるとしている。一方、左大臣の源融は自ら辞退した形になっている。事実この後、元慶《がんぎょう》八年（八八四）に至るまで、融は門を杜《と》ざして出《い》でずとあり、政務に出仕しなかった。これは、基経が右大臣でありながら、左大臣の融を超えて摂政となった官職秩序上の逆転・矛盾を解消するための措置である。

摂政の辞表

これに対し、十二月一日、基経は摂政を辞する表を奉ったが、許されていない。さらに四日、基経は再び辞表《じひょう》を奉り、その第二表が『本朝文粋《ほんちょうもんずい》』巻第四、表上と『菅家文草《かんけぶんそう》』十に残っている。『日本三代実録《にほんさんだいじつろく》』同日条は『菅家文草』所収の上表文《じょうひょうぶん》を載せているが、そこでは故事を調べると、幼主に代わって母后《ぼこう》が朝に臨む皇太后臨朝《りんちょう》が行われるとあり、それを全力で補佐するとの意向が示されている。さらに『本朝文粋』の所収の上表文では、太上天皇が世にある時は臣下の摂政を聞かず、幼主が即位《そくい》した時は皇太后臨朝が行われるとある。すなわち、幼帝《ようてい》が即位した時は、太上天皇が政治をみるか皇太后臨朝が行われるのが原則であるとの認識であった。それにもかかわらず基経が摂政になったということは、摂政が太上天皇や皇太后の権威を包摂し、幼帝の代行をすることがここに正当化されたのである。

なお翌年正月九日には、基経は今度は左近衛大将《さこのえのだいしょう》を辞職する表を奉っている。これは摂政に専念するためであったようで、新天皇はこの表を清和天皇に奉り、それによって許されている。このように、基経の摂政に関わる人事は清和天皇の判断によって決定されている。それは基経を摂政に任じたのが清和天皇だったからであろうが、そのことは、本来ならば太上天皇が幼帝を後見しなければならないのに、その権能を摂政に委ねたことを示していよう。

摂政制の成立

ところで、良房が摂政に任じられたのは、清和天皇が元服した後、応天門《おうてんもん》の変を処理するためであった。しかし、清和天皇が幼帝として即位したことから、即位した時点から事実上の摂政であったとみるのが通説である。しかし、前述したように、良房以前に摂政は存在せず、清和天皇の即位時点で、後世のような幼帝を代行するという摂政が明確な青写真をもって成立したとは考えにくい。良房は人臣初の摂政ではあるが、幼帝の決裁に関与したことがあったとしても、それは限定されたものではなかったか。そして、応天門の変に際し、その処理のために摂政に任じられて権力が集中されると、いったん、付与された王権代行の権能はおいそれと消滅するものではなく、おそらく良房の死去まで継続性を持っていた。このような初期の摂政は、天皇の外祖父《がいそふ》で長年、太政官《だいじょうかん》の首班を勤めた藤原氏の氏長者《うじのちょうじゃ》という特別な臣下に下された特別な資格だったのであり、まだ後世の摂政のような官職化したものではなかった。

ところが、今回、再び九歳の皇太子が即位するにあたり、この良房の先例が利用されたのである。基経に摂政を命じる清和天皇の詔に「然《しか》らば則《すなわ》ち少主《しょうしゅ》の未《いま》だ万機を親しくせざるの間は、政を摂《と》り事を行うこと、近く忠仁公《ちゅうじんこう》の朕《わ》が身を保佐する如く相扶《あいたす》け仕え奉るべし」とあるのは、良房の例を引いて基経の摂政を正当化しているのである。基経もこの時点で藤原氏の氏長者であり、皇太子の外舅であって、摂政の条件に合致していた。ここに、幼帝が即位した時には、摂政がその代行をするというシステムが確立したのである。

幼帝と摂関政治

このことは、幼帝が即位しても支障をきたさない機構が確立したことを意味する。平均寿命が長くない当時において、直系継承原理を推し進めていけば、幼帝の即位は不可避となる。これに対し、摂政の設置はそれを補うことになる。古く、摂関政治は天皇親政と対立的に捉えられ、摂政・関白《かんぱく》は天皇権力を抑圧するものと位置づけられてきた。しかし、このようにみてみると、逆に、摂関政治とは、安定的に皇位を継承させせ、天皇制を補完するシステムだったと評価することができるのである。

太上天皇の尊号

十二月八日には、清和天皇に太上天皇の尊号が与えられている。これ以後は、清和上皇《じょうこう》と表記する。この日はさらに、所司《しょし》をして白綾《しらあや》二百疋《ひき》、綾三百疋、白絹《しらぎぬ》五百疋、絹二千疋、帛《はく》五百疋、白糸《しらいと》三百句《く》、糸七百句、細屯綿《ほそつみのわた》千屯《とん》、石見綿《いわみわた》四百屯、調綿《ちょうめん》一万屯、庸綿《ようめん》五千屯、細布《さいふ》千端《たん》、調布《ちょうふ》二千端、新銭二百貫文を太上天皇宮に奉り、また御《み》封《ふ》二千戸を充てている。

開　関

二十一日には諸衛の警護が解かれ、開関《かいげん》された。清和天皇が即位した時には、固関は三ヵ月の長きに及んだが、今回は一ヵ月で解かれている。その時ほどの政治的緊張がなかったということになろう。

陽成天皇の即位

年が明けて貞観十九年正月三日、貞明親王は朝堂院《ちょうどういん》の西に位置する豊楽院《ぶらくいん》の正殿の豊楽殿《ぶらくでん》で即位式を挙げた。即位式は本来、大極殿《だいごくでん》で行われるべきであるが、これは前年四月に火災にあい、まだ完成していなかったことによる。これが陽成天皇であり、この正月で十歳になったばかりの幼帝である。即位式が終わると、陽成天皇はやはり東宮に還御《かんぎょ》しており、そこから内裏の仁寿殿《じじゅうでん》に遷ったのは二月二十九日のことであった。さて廟堂《びょうどう》の顔ぶれは、

左大臣　源融

摂政右大臣　藤原基経
大納言《だいなごん》　源多《まさる》・南淵年名《みなぶちのとしな》
中納言《ちゅうなごん》　藤原良世《よしよ》
参議《さんぎ》　在原行平《ありわらのゆきひら》・大江音人《おおえのおとんど》・源勤《つとむ》・藤原冬緒《ふゆお》・菅原是善《すがわらのこれよし》・源能有《よしあり》・藤原家宗《いえむね》・源舒《のぶる》

で、清和天皇治世の後半とほとんど変わっていない。

即位の報告

二月二十一日には、天皇即位のことを豊前《ぶぜん》国宇佐《うさ》八幡大菩薩《はちまんだいぼさつ》・香椎廟《かしいびょう》に告げ、二十三日には伊勢神宮、二十四日には加茂《かも》神社に使いを遣わして告げている。

清和上皇の封戸

閏《うるう》二月十五日に、清和上皇は、太上天皇宮別当右大弁《べっとううだいべん》藤原山陰《やまかげ》に天皇へ上奏《じょうそう》させ、前年十二月八日に充てられた封戸《ふこ》二千戸の返納を勅命によって請うている。太上天皇の尊号を得て、国弊《こくへい》と民亡《みんぼう》を憂うるに公費を煩わすわけにはいかないというのが理由である。この後、この封二千戸をめぐって清和上皇と陽成天皇との間でやり取りが続いていく。

二十七日には、清和上皇の御封の返納の申し出に対し、陽成天皇は太上天皇の存在の重きに鑑み、院司《いんし》官人を維持するためには御封は必要であるとし、それを納められることを上表によって請《こ》うている。清和上皇はこれを承認していない。そこで陽成天皇は、三月二十九日に、太上天皇に仕える官人の歳費を理由として、重ねて清和上皇が封戸を許納するよう求めたが、ここで陽成天皇が「臣諱言《もうす》」との書き出しで上表していることが注目される。これに対し太上天皇は、四月二十一日に勅答して封戸の納入を受け容れたが、代わりに諸衛府《えふ》の分直を辞退している。

なお、この勅書《ちょくしょ》の年月日の下に、清和上皇の諱「惟仁《これひと》」の一字「惟」が記されていたことから、太上天皇から天皇に宛てる勅書に、諱を署名すべきかが問題となった。そこで大江音人に議させ、通常は署名しないものの、礼に適うとしている。そして二十五日、陽成天皇が清和上皇の申し出を拒絶する上表をして、この問題は一段落した。ただしこの二年後の元慶三年二月十七日、これより先に清和上皇が御封一千戸の返納を申し出る勅《ちょく》を発しており、これに対し、陽成天皇はなお、二千戸を充てる上表をした。二十六日には、清和上皇が重ねて一千戸を返納する勅を下したのに、二十九日、陽成天皇は源舒を清和院に遣わして上表を奉っている。しかし、清和上皇はなお固譲《こじょう》して受けなかった。

清和上皇と陽成天皇

ここで注目すべきは、清和上皇が陽成天皇に対して出される書の形式は勅であるのに対し、陽成天皇から清和上皇へは上表がなされ、さらにその書に「臣諱言」と記されていることである。平安初期の薬子《くすこ》の変以後、天皇と太上天皇との二重権力の矛盾が解消され、太上天皇が天皇に対し臣下の礼をとり、上表をしていた。しかし、今回は陽成天皇が清和上皇に対し上表をし、「臣」と称している。これは、清和上皇と陽成天皇が父子関係にあったことが大きく影響しており、父子の礼をとっているとされている。清和上皇は、承和《じょうわ》九年（八四二）に嵯峨《さが》上皇が死去して以来、三十四年ぶりに登場した太上天皇であった。ここで清和上皇は、天皇と太上天皇との関係において、礼的待遇の再確認がなされているのであるが、そこで天皇の父としての父子の義が強調される画期となったとされている（中野渡俊治「清和太上天皇期の王権構造」）。

田地の施入

さて、この間の清和上皇関係の記事を拾ってみたい。閏二月十七日には、山城《やましろ》国愛宕《おたぎ》郡《ぐん》の水田九町二百九歩が、近くて便が良いという理由で清和上皇の染殿に奉られている。四月十三日には、山城国綴喜《つづき》郡・相楽《さがらか》郡の荒廃・空閑《くうかん》等の田地六十一町六段《たん》が同じく染殿宮に充てられている。そして十二月二十七日には、山城国愛宕郡の公田《こうでん》四町を禅林寺《ぜんりんじ》に施入《せにゅう》した。清和上皇の御願《ごがん》の仏堂をその寺に隣接して建てるのに、地勢が窄隘《さくあい》だったためである。

清和院大斎会

三月三日には備後《びんご》国で白鹿《はくろく》一頭を得て献じ、清和上皇に奉覧《ほうらん》した後、神泉苑《しんせんえん》に放された。八日には、皇太夫人《こうたいぶにん》藤原高子が清和上皇のいる染殿宮に参り、親王・公卿《くぎょう》を従えて宴飲《えんいん》し、夜に還った。二十四日には、清和上皇は清和院で五日を限って大斎会《だいさいえ》を設け、法華経《ほけきょう》が講じられた。これは二十八日に終わり、米一百五十斛《こく》・穀《こく》一千斛が東西京の僧尼男女の自存するに能《あた》わざる者に賑給《しんごう》された。

元慶改元

なお、この年の四月十六日に元慶と改元《かいげん》されている。これも、陽成天皇が即位しての踰年《ゆねん》改元である。

五墓の改廃

また、十二月十三日には、荷前奉幣《のさきほうべい》の五墓《ごぼ》が改められ、山城国宇治《うじ》郡の藤原長良《ながら》の墓と、その妻の山城国紀伊《きい》郡の藤原乙春《おとはる》の墓が加えられ、藤原冬嗣《ふゆつぐ》と藤原美都子《みつこ》の墓が除かれている。長良と乙春は、陽成天皇の生母藤原高子の父母であり、そのための改変である。

基経の昇叙

翌元慶二年六月二日には、三河《みかわ》国播豆《はず》郡の荒廃田《こうはいでん》百町を、清和皇女《こうじょ》の孟子《もうし》内親王に賜り、一身田《いしんでん》となしている。

七月十七日に藤原基経を従二位《じゅにい》から正二位《しょうにい》とし、随身《ずいじん》・兵仗《ひょうじょう》を賜った。これは基経の摂政としての地位を高めるためであったが、それに対し、基経は二十三日、抗表《こうひょう》を奉った。そのなかで、六衛府《ろくえふ》が太上天皇宮にも供奉《ぐぶ》していることから、随身・兵仗を辞退しているが、そのためか、陽成天皇は表を太上天皇宮にもたらし、太上天皇が優詔《ゆうしょう》して許さなかった。ここでも、基経の摂政に関わる待遇は清和上皇の判断が仰がれているのである。

藤原明子の五十の算

九月二十五日に、清和院で碩学《せきがく》の高僧五十人を延《まね》いて大斎会を設け、三日を限って法華経が講じられた。これは太皇太后明子《あきらけいこ》が五十の算に満ち、慶賀修善《けいがしゅぜん》、余齢《よれい》を祈禱するために行われたもので、文武百官が会した。十一月十一日にも、清和上皇は皇太后明子に献物を行っている。雅楽寮《ががくりょう》が楽を挙げ、清和上皇の童《わらわ》親王に舞わせ、右大臣の藤原基経の男児一人も預かった。これより先、五十僧を延いて経を講《こう》し、これは解斎《げさい》の宴であったといい、親王公卿五位以上が会して歓飲《かんいん》し、禄を賜っている。翌年三月二十四日にも、また清和院で大斎会が設けられ、五日を限って法華経が講ぜられ、二十八日に斎講《さいこう》を終え、親王公卿が会し、東西京の僧尼、自存不能の男女に賑給が行われた。

元慶の乱

なお、この元慶二年の三月に、出羽《でわ》国からの飛駅《ひやく》によって、俘囚《ふしゅう》が反乱し秋田城《あきたじょう》や官舎、周辺の民家が焼損したことが上奏された。いわゆる元慶《がんぎょう》の乱の勃発である。これは、前年の不作に加えて、秋田城司《じょうし》良岑近《よしみねのちかし》の苛政《かせい》が原因であったという。これに先立つ貞観十七年五月にも俘囚が反乱を起こし、武蔵《むさし》・上総《かずさ》・常陸《ひたち》・下野《しもつけ》等の国に命じて兵を発して追討し、六月には反虜《はんりょ》八十九人を殺獲《さつかく》した。同年十一月には、渡島《わたりしま》（北海道）の荒狄《こうてき》が反乱を起こしている。これらは今回の前哨戦のようなものといえよう。この元慶の乱においては、出羽守藤原興世《おきよ》はこれを十分に防ぐことができず、そこで藤原保則を出羽権守に、小野春風《おののはるかぜ》を鎮守将軍《ちんじゅしょうぐん》に起用した。保則・春風らは武力をもって征圧するのではなく、慰撫《いぶ》をもって翌年三月にはこれを鎮めている。

真雅の死去

元慶三年正月三日、僧正法印真雅《そうじょうほういんしんが》が七十九歳で死去した。真雅は空海《くうかい》の実の弟で、兄に就いて真言密教《しんごんみっきょう》を学んだ。空海の入定《にゅうじょう》（死）後、真言宗の中心の僧として重く用いられ、清和天皇が生まれた時より、左右を離れず日夜侍奉《じぶ》したという。貞観二年に東《とう》寺長者《じちょうじゃ》に任じられ、貞観六年に僧正・法印大和尚位《ほういんだいわじょうい》を授けられた。これより前、嘉《か》祥《しょう》三年（八五〇）に仁明天皇《にんみょうてんのう》の深草《ふかくさ》山陵に嘉祥寺《かじょうじ》が営まれたが、藤原良房がこの真雅と図り、清和天皇加護のため西院《さいいん》を建立した。これが貞観四年に貞観寺となり、その後、多数の施入を得た。真雅はこの貞観寺において没したのである。

清和女御の季料停止

三月七日には、清和上皇の勅により、清和天皇の女御であった藤原多美子《たみこ》・嘉子女《よしこじょ》王《おう》・兼子《かねこ》女王・忠子《ただこ》女王・平寛子《たいらのかんし》・源済子《さいし》・源厳子《げんし》・藤原頼子《らいし》・源喧子《けんし》・藤原佳珠《かず》子《こ》・源宜子《ぎし》ら十一人の季料《きりょう》を停止した。

正子内親王の死去

二十三日には、淳和太皇太后の正子内親王が七十歳で死去した。嵯峨天皇の皇女で母は皇后　橘《たちばなの》嘉智子《かちこ》。仁明天皇の同母妹であるが、淳和天皇の皇后となり、恒貞《つねさだ》親王を生んでいる。承和九年の承和の変に際し、仁明天皇の皇太子であった恒貞親王が廃され、道康《みちやす》親王（文徳《もんとく》天皇）が皇太子に立てられると、その決断に嘉智子が関わっていたからか、正子内親王は怒りに震え、悲しみ号泣し、母の嘉智子を怨んだという。この後、淳和天皇・恒貞親王の系統は皇統からはずれ、皇位は仁明天皇・文徳天皇・清和天皇・陽成天皇と直系継承されていった。その間、承和の変から三十七年、正子内親王は生きながらえていたのである。性格は慈仁《じじん》の心が篤く、京中の孤児を集めて乳母《うば》を給い、その養育費に封戸の五分の二を充てたといい、貞観十年には嵯峨旧宮を大覚寺《だいかくじ》と号し、その一屋を僧尼の病の治療の施設とし、さらに淳和院を道場とし京中の尼を収容したとのことである。二十五日に嵯峨山に葬られた。五月二十五日には、恒例として二十僧を得度《とくど》させている。

二　出家

清和上皇の出家

元慶三年五月四日には、清和上皇は清和院より鴨川《かもがわ》の東にあった右大臣藤原基経の山《さん》庄《そう》、粟田院《あわたのいん》に移った。そして八日夜、三十歳に達していた清和上皇は落飾《らくしょく》入道《にゅうどう》した。法諱《ほうき》（僧名）は素真《そしん》というが、『慈覚大師伝《じかくだいしでん》』によれば、貞観元年に清和天皇が円仁《えんにん》から菩薩戒《ぼさつかい》を受けた時に奉られた法号《ほうごう》という。この出家には、直前の真雅と淳和太皇太后正子内親王の死去の影響が推測されている。

宗叡

この時、権少僧都《ごんのしょうそうず》宗叡《しゅうえい》が侍したが、宗叡は天台宗《てんだいしゅう》の真紹《しんしょう》に師事し、真紹の建てた禅林寺に居住しており、真雅とともに清和上皇が幼少の時より護持した僧である。この時七十一歳。『日本三代実録』元慶八年三月二十六日条の宗叡の卒伝《そつでん》によれば、前述の真如法親王《しんにょほっしんのう》に随って貞観四年から貞観八年まで入唐《にっとう》し、後に最澄《さいちょう》・空海・円仁・円《えん》珍《ちん》・恵運《えうん》・常暁《じょうぎょう》・円行《えんぎょう》らとともに入唐八家《はっか》の一人に数えられている。在唐中、大華厳《だいけごん》寺《じ》において千僧供養を行ったとあるが、そこに「本朝御願」とあり、千僧という規模から、この供養は清和天皇の立願であり、宗叡はその要請によって五台山《ごだいさん》に向かったとする指摘がある（川尻秋生「入唐僧宗叡と請来典籍の行方」）。宗叡が入唐する時点で清和天皇はまだ十三歳であり、そのような要請が可能だったのか疑問もなくはないが、すでに円仁から受灌《じゅかん》・受戒《じゅかい》を経ており、この後の仏教への傾倒を考えれば、有り得るようにも思える。帰国後、貞観十六年には清和天皇に金剛界大毘盧遮那三摩地法《こんごうかいだいびるしゃなさんまじほう》・観自在菩薩秘密真言法《かんじざいぼさつひみつしんごんほう》を授けていた。そのような関係から、真雅亡き後、宗叡が清和上皇の出家にあたり戒師《かいし》となったのである。この年の十月二十三日、宗叡は僧正に任じられている。

翌五月九日、幼少の陽成天皇が出家した父清和上皇にまみえるため、粟田院に行幸《ぎょうこう》することを欲し鸞輿《らんよ》に乗ろうとしたが、清和上皇が右大弁藤原山陰を遣わしてそれを停めさせた。二十五日には、清和上皇のために三十僧を得度させている。この日、藤原安《やす》方《かた》が出家を請い許された。安方は清和院に供奉していたのであり、主に随って入道したことになる。

頭陀行

十月二十日、大和《やまと》国に勅して、米百斛を清和院に進めた。清和上皇の頭陀《ずだ》山中の費用に充てるためである。頭陀とは、本来的には煩悩を払い落とし、衣食住に関する貪りを払い除く修行、身心を鍛錬する種々の生活規律であったが、さらに発展して、世俗的な衣食住を離れて、質素な衣食で山野を跋渉《ばっしょう》することを指すようになった。

二十二日、右大臣基経が六衛府に宣《せん》して、清和上皇が二十四日から大和国に行幸するので、その間、諸陣厳戒するように命じている。二十三日には、綿二千屯、銭百貫文を粟田院に奉り、路中の施行料に充てている。この日の夜、戌《いぬ》の時（午後十時頃）、清和上皇は粟田院

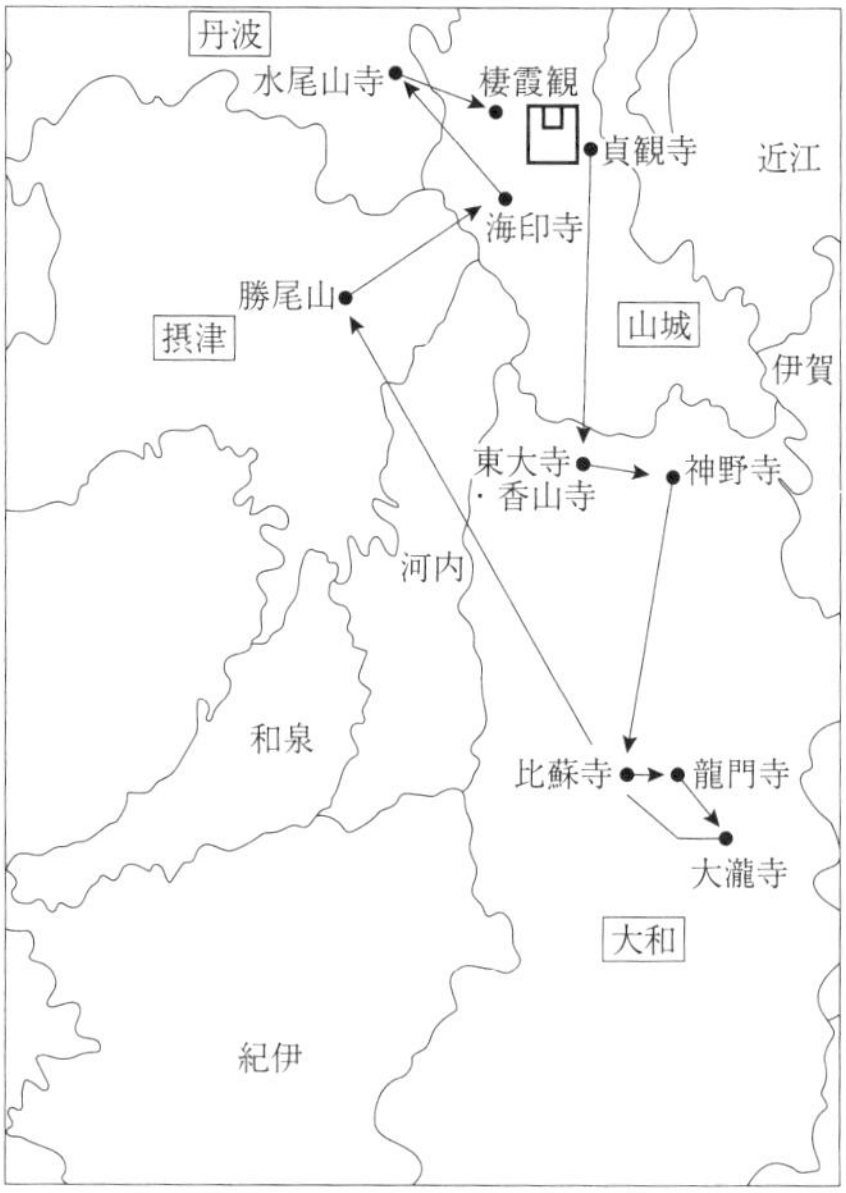

清和上皇の諸寺巡礼
（瀧浪貞子『藤原良房・基経』ミネルヴァ書房，2017年，296頁より）

より出て粟田寺に御宿した。明暁《みょうぎょう》、大和国に行幸するためである。

二十四日、清和上皇は牛車に乗って大和国に行幸している。陽成天皇の勅によって、清和上皇の異母兄の参議源能有を遣わし、六府の将曹《しょうそう》・志《さかん》・府生《ふしょう》を府別に各一人、近《この》衛《え》・兵衛《ひょうえ》の門部《かどべ》各十人を率い、清和上皇を守らせた。これに対し、清和上皇は能有および六府の官人以下を帰らせたが、参議在原行平、藤原山陰のみは従った。二人はもと

もと清和上皇に供奉していた者である。いよいよ、清和上皇の諸寺巡礼の始まりである。引導したのは前日に僧正に任じられた戒師の宗叡である。

諸寺巡礼

この諸寺巡礼は、『日本三代実録』元慶四年十二月四日条の清和上皇の崩伝《ほうでん》によれば、山城国貞観寺より始め、大和国東大寺《とうだいじ》・香山寺《こうせんじ》・神野寺《じんやじ》・比蘇寺《ひそでら》・竜門寺《りゅうもんじ》・大滝寺・摂津《せっつ》国勝尾山《かつおさん》・山城国海印寺《かいいんじ》などを回り、元慶四年三月に丹波《たんば》国水尾山寺《みずのおやまでら》に帰還した。大和・摂津の名山・仏龕《ぶつろう》を巡幸し、あるいは巡り廻って礼仏し、あるいは留まって住み、元慶三年十月から六ヵ月に及ぶものであった。なお、『日本三代実録』元慶五年正月七日条には、清和上皇の三十五日の法会において、頭陀暦覧《れきらん》した寺として、さらに大和国法輪寺《ほうりんじ》・和堂寺の名が挙げられている。

山中寺院

これらの寺院は、貞観寺・東大寺・法輪寺・海印寺を除いて山中に位置していた。香山寺は、奈良春日《かすが》山中に堂跡がある。平安時代には修行僧の拠点となったようで、『扶《ふ》桑略記《そうりゃっき》』康保《こうほ》五年（九六八）戊辰《つちのえたつ》条・『日本紀略《にほんきりゃく》』康保四年三月二十八日条・『今昔物《こんじゃくもの》語集《がたりしゅう》』巻第二十「天狗《てんぐ》を祭る僧内裏に参りて現に追わ被る《る》語」には、香山寺の上人《しょうにん》が天皇の病気を治すために招かれたという話が残されている。神野寺は、奈良山添《やまぞえ》村の神《こう》野山《のさん》に位置した寺である。平安初期に、一切の衆生《しゅじょう》は悉く悟りを開く仏性を有するという一乗《いちじょう》思想と、仏性《ぶっしょう》を有する者と有さない者との別があるとする三乗《さんじょう》思想といずれが正しいか、天台宗の最澄と三一権実論争《さんいちごんじつろんそう》を展開した法相宗《ほっそうしゅう》の徳一《とくいつ》は、この神野山で修行に励んでいたとする。比蘇寺は別名現光寺《げんこうじ》といい、奈良吉野《よしの》郡に所在した寺である。奈良時代から山林修行の拠点となっており、東寺長者となった聖宝《しょうぼう》も比蘇寺の座主となっているが、もともと彼が山林修行僧だったからである。竜門寺も同じく吉野郡に所在していた寺である。『今昔物語集』巻第十一「久米仙人《くめのせんにん》始めて久米寺を造れる語」によると、久米仙人はもともと竜門寺で修行していた仙人であり、竜門寺は仙人の集まる修行の場と考えられていた。和堂寺と大滝寺は、史料上ここにしかみられず、詳細は不明だが、勝尾山は大阪箕面《みのお》の勝尾寺《かつおじ》で、世間から離れた修行の場で、座禅や修行を行うのに適した場であった。いずれも山林修行に関係する寺院であり、そのことから、和堂寺と大滝寺も同様に、山林修行の場であったことが想定される。ちなみに、法輪寺は奈良生駒《いこま》郡斑鳩《いかるが》、海印寺は京都乙訓《おとくに》郡木上山《このえやま》に所在する。

清和上皇の諸寺巡礼も、頭陀経行《きょうぎょう》とされるように山林修行を意図するものであった。僧の山林修行はすでに奈良時代から盛んであった。そして平安初期には、この山林修行が唐の五台山巡礼と密接な関りを持つようになったという。五台山とは、中国山西《さんせい》省にある東南中西北の五つの台からなる峰に、数十から数百の寺が林立した中国における仏教の聖地である。このうち、文殊菩薩《もんじゅぼさつ》の所在地である清涼山《しょうりょうせん》がこの五台山に比定され、唐のみならず近隣諸国から多くの巡礼者が集まった。日本でも、奈良時代から平安初期に五台山信仰が広まり、五台山巡礼者も現れた。最後の遣唐使《けんとうし》となった承和五年の遣唐使に随行した円仁の『入唐求法巡礼行記《にっとうぐほうじゅんれいこうき》』に記される五台山巡礼は有名である。そして、清和上皇の戒師である宗叡も五台山巡礼を行っている。清和上皇はこの宗叡から大きな仏教的影響を受けてきた。したがって、この諸寺巡礼は、五台山巡礼に准《なぞら》えたものとみなされる。

道珠の修験

『日本三代実録』貞観十年七月九日条に、幼いころから深山に籠っていた吉野の僧道《どう》珠《じゅ》の修験《しゅげん》を聞き、清和天皇が御前に召して数日留め、布や米を施したという記載がある。十年以上前のこの頃すでに、清和上皇は山林修行に関心を示していたことがうかがえる。こうしてみると、今回の諸寺巡礼は、清和上皇の人生において最も濃密な六ヵ月間だったといえるのではないか。

前世は僧侶

なお、『古事談《こじだん》』百四十九には、清和天皇は前世は僧侶で内供奉《ないぐぶ》十禅師《じゅうぜんじ》を望んだが、伴善男《とものよしお》によって妨げられたので、生まれ変わってこれを憎み、善男はそれを知って如《にょ》意輪法《いりんほう》を修して天皇の寵臣となったが、結局、事に坐《ざ》したという話が載せられている。これは、応天門の変の処理にも関わる話だが、僧侶の生まれ変わりというところは、清和上皇のこのような仏教への傾倒から創作されたものであろう。

水尾山寺に廻御

この間、元慶元年に清和院に充てられた山城国愛宕郡にある百姓《ひゃくせい》の口分田《くぶんでん》と墾田《こんでん》九町二百九十歩が、元慶四年二月二十五日、清和上皇の勅によって公けに返され本戸《ほんこ》に返された。三月十九日には、伊勢・尾張《おわり》両国から封租《ふそ》白米百斛が清和院に進められることになった。また、丹波国の官に進められる米が水尾山寺に進められた。水尾山寺は、愛宕山麓の嵯峨水尾に位置し、この時、清和上皇は諸寺巡礼から水尾山寺に廻御《かいぎょ》した。崩伝によれば、清和上皇はここを終焉の地と定めたという。

八月二十三日、清和上皇はその水尾山寺から嵯峨棲霞観《せいかかん》に移った。水尾に仏堂を造営するためである。

三十日には参議の菅原是善が六十九歳で死去した。これに先立つ五月二十八日には、『伊勢物語《いせものがたり》』で有名な在原業平《なりひら》が五十六歳で死去している。

清和上皇の不予

さて、諸寺巡礼から廻御した八ヵ月後の十一月二十五日、清和上皇が不予《ふよ》となり、棲霞観より円覚寺《えんがくじ》に遷った。ここで、左大臣源融の家令《かれい》伴《ともの》枝雄《えだお》に従五位下《じゅごいのげ》が授けられたが、これは棲霞観が融の山荘だったからである。なお、円覚寺はもともと右大臣藤原基経の山荘の粟田院である。清和上皇死後の元慶五年三月十三日に官寺に列せられ、四月三日には寺領が与えられている。さらに仁和《にんな》二年（八八六）二月二十日には、清和院の稲一千束の値新銭二十貫文を山城国に付し、正税《しょうぜい》の出挙《すいこ》の利息を円覚寺の長明灯料《じょうみょうとうりょう》に充てるとしている。

十一月二十九日には、使者を二十一寺《にじゅういちじ》に遣わし、清和上皇の聖体《せいたい》を平復《へいふく》させるため、功徳《くどく》を修させた。東大寺・興福寺《こうふくじ》・元興寺《がんごうじ》・西大寺《さいだいじ》・薬師寺《やくしじ》・大安寺《だいあんじ》・法隆寺《ほうりゅうじ》・唐招《とうしょう》提寺《だいじ》・延暦寺《えんりゃくじ》の九寺には仏灯油《ぶつとうあぶら》三升、名香《めいこう》六両、細屯綿一連、僧に新銭三貫文を供え、寺別に名僧二十口に請い、来月三日より始め三日を限り大般若経《だいはんにゃきょう》を転読させた。また新薬師寺《しんやくしじ》・四天王寺《してんのうじ》・香山寺・長谷寺《はせでら》・壺坂寺《つぼさかでら》・崇福寺《すうふくじ》・梵釈寺《ぼんしゃくじ》・現光寺・神野寺・三松寺・子嶋寺《こじまでら》・竜門寺の十二箇寺に使者を遣わして焼灯嚫綿《しょうとうしんめん》し、功徳を修させた。翌十二月二日には、清和上皇のため百僧を得度させた。

十二月四日、清和上皇がいよいよ不予のため、大辟《たいへき》（死罪）以下、罪の軽重を問わず、すでに発覚しているもの、していないもの、結正《けっせい》しているもの、していないもの、獄《ごく》に繋がれている者、私鋳銭《しじゅせん》、八虐《はちぎゃく》、強窃《ごうせつ》二盗、常赦の免《ゆる》さざるところの者も皆悉く恩赦《おんしゃ》することとした。

清和上皇の死去

しかしながら、同日申二刻《さるのにこく》（午後三時半頃）、清和上皇はついに円覚寺において生涯を閉じた。享年三十一。

崩伝

『日本三代実録』同日条の崩伝によれば、清和天皇は風儀《ふうぎ》が甚だ美しく、端厳《たんげん》神のごとくであったという。性格は寛容で憐れみ深く、温和で慈しみがあった。顧問によるのでなければ、たやすく発言をせず、挙動の際には必ず礼に遵ったという。好んで書伝を読み、釈迦の教えに深く思いを寄せた。鷹犬を用いた漁猟などの娯楽には意を留めず、君主としての器量があった。外祖父の太政大臣《だいじょうだいじん》藤原良房が摂政となり、枢機精密《すうきせいみつ》、国家は寧《やす》らかに静まった。清和天皇はただ憲綱《けんこう》を握るのみであった。良房死後、天皇は自ら政事《まつりごと》を視《み》、人に慎み深く従った。後に藤原基経が大納言から右大臣となり、万機《ばんき》を助けるに済益《さいえき》に務め、役人はその職にかなない、人はその慶に頼った。朝廷は無事で内外は粛然とし、ゆえに、前事を談ずる者は「貞観の政」を思わない者はいなかったという。

災変

大納言伴善男の子の中庸《なかつね》が火を付けて応天門が焼けた時、事が発覚して罪は大逆《たいぎゃく》に至り、父に連坐《れんざ》するとも善男は承服しなかった。臣下のなかには罪を疑うべきとする者もあったが、清和天皇は刑理《けいり》を執持《しゅうじ》し、ついに寛仮《ゆる》さず、善男父子および他の数人を皆配流とした。仁者《じんしゃ》必ず勇とは思うにこのことを言うのであろう。朝堂院の火災で大極殿と東西高楼《こうろう》の三面門廊《ろう》等がにわかに燃え上がって焼け落ちた時、善否の応を良吏《りょうり》に議させたところ、中国の漢《かん》・魏《ぎ》の時の栢梁《はくりょう》の災・龍華《りゅうか》の火において、漢皇魏主必ずしも徳を損わなかったという。

仏教への帰依

時に、清和天皇が降誕してから常に護持していた真雅法師が奏上して仏寺を建て、額に貞観とつけた。その用度は惣《すべ》て官家《かんけ》を経て装飾し供養を設けた。清和天皇は王公百寮に命じてこの事を行わせた。真雅が遷化《せんげ》すると、入唐求法して真言を得た宗叡法師が清和天皇に仕え奉り、香火《こうか》の因を結んだ。皇位を退き清和院に御《ぎょ》すと、苦空《くくう》を帰念し菩提を発心《ほっしん》し、朝夕の膳は菜蔬《さいそ》あるのみ。妍状豊姿には顔色を賜わず、燕私《えんし》籠引、これより断った。遂に山庄に御して落飾入道したが、この時、僧正宗叡が侍しており、山庄は円覚寺である。天皇は事を頭陀に寄せ、意を経行に切し、名山・仏壟を暦覧することを欲した。そして山城国貞観寺より始め、大和国東大寺・香山寺・神野寺・比蘇寺・竜門寺・大滝寺・摂津国勝尾山などの名処に至り、巡り廻って礼仏したり、あるいは留まって住んだりした。旬《しゅん》を踰《こ》え勝尾山より山城国海印寺に帰り、にわかに丹波国水尾山寺に入り、終焉の地と定めた。

崩御

自後《じご》、酒酢塩鼓《さかずえんし》を御さず、二、三日を隔ててただ斎飯《さいはん》を進め、苦行《くぎょう》すること焦毀《しょうき》削るごとく、業累《ごうるい》を断ち除き、禅の念はいよいよ劇《はげ》しく、恒に此の身を厭《いと》い、膳を御さずして捨すことを欲した。沙門《しゃもん》修練する者の難行するところ、緇徒《しと》精進する者の高迹をなすに至り、身は尊き極みにあると雖《いえど》も悉くこれを踏襲した。病で臥せると、近くに僧を侍らせて金剛輪陀羅尼経《こんごうりんだらにきょう》を誦《じゅ》させ、西方を向いて結跏趺坐《けっかふざ》し、手に結定印《けつじょういん》を作り崩じた。そのありさまは、震儀動ぜず、厳然《げんぜん》として生きているがごとくであり、念珠なお懸けて御手にあった。梓宮の棺に御すに輿と同じくしたが、それは聖体が坐して崩じたため、それを頽《くず》し臥させることをしなかったことによる。遺詔によって中野に火葬し、山陵を起こさず、百官および諸国に挙哀《こあい》・素服《そふく》をさせず、縁葬の諸司を任じず、喪事すべきところすべて省略・節約したという。

清和上皇の性格

崩伝という性質上、美化や誇張が混じることを考慮しなければならないが、清和上皇は、温和・寛容・慈愛に満ちた性格で、遊猟《ゆうりょう》を好まず書伝に耽《ふけ》り、臣下の意見によく耳を傾けたという。ここからは清和上皇の内省的な人物像がうかがわれる。これは、幼少の頃より外祖父の太政大臣藤原良房の庇護・輔弼を得て皇位に就いたことにより培われていった性格であったと思われ、政務を積極的に主導し得なかった最大の要因となったのであろう。むろん、幼少より臣下・家来の補佐を受けても、長じて政治的主導権を行使した権力者は数多いるが、清和天皇については、ついにそれはみられなかった。その点、応天門の変における裁断に清和天皇が英断を下したとするのは、崩伝による潤色と推測されることは前述した通りである。注目すべきは、譲位・出家後における仏教への傾倒である。六ヵ月間に及ぶ諸寺巡礼・山林修行については触れたが、その後も食を制限し、行業を律することはあたかも苦行のごとくであったとし、ついには西方を向いて結跏趺坐し、手に結定印を作り崩じたという。ここからは西方極楽浄土に往生を願う浄土信仰もうかがわれる。これにも崩伝における多少の誇張はあるであろうが、このような仏教信仰も、清和上皇の内省的な性格が影響していると考えられ、さらに、その三十一年の人生における最後の一年に、清和上皇は信仰に対して最も主体性を発揮したといって過言ではないであろう。

基経の太政大臣任官

なおこの日、藤原基経が右大臣から太政大臣に昇任している。清和上皇が死去したのと同日に、基経が太政大臣に任じられたのは興味深い。太上天皇は、平安初期には薬子の変でその権威・権能を後退させたとはいえ、平城《へいぜい》天皇・嵯峨天皇・淳和天皇とも、譲位したことによって自らの子が皇太子となっており、太上天皇は皇太子を後見・擁護する存在となっていた。しかし、清和天皇が即位する時点では太上天皇は不在であった。そこで、養老職員令《ようろうしきいんりょう》に規定される太政大臣の「一人に師とし範とし、四海に儀形たり」という天皇の師範役という職掌が、幼帝の後見・擁護という性格にふさわしいとして、藤原良房を太政大臣とすることで、太上天皇の果たすべき幼帝擁護・後見の役割を負わせたとみられるのである。したがって、基経が清和上皇の死去と同日に太政大臣に任じられたのも、同じように、太上天皇の幼帝擁護・後見の役割を代わって担ったものと捉えられよう。

これに対し、十二月十五日に基経は辞表を上表したところ、陽成天皇の口勅に、「この職は太上天皇の拝授するところで、どうして自分が自由に止めさせることができようか」とあることは注目される。ここから、今回の太政大臣の任官が清和上皇の意向によるものであったことがわかる。基経を摂政に任じたのも、清和上皇であったことは先に述べたが、今回も同様だったのである。これはたんに、基経の人事は清和上皇の命によるというだけでなく、本来、清和上皇の担うべき役割を基経に付託していることの証左といえるであろう。

清和上皇と基経

ところで、『江談抄《ごうだんしょう》』第四には、元慶四年正月二十日に催された内宴《ないえん》で基経が詠んだ

漢詩と、それにまつわる話が「公家伝」から引かれている。それは、

酔うて西山を望むに仙駕《せんが》遠し、微臣《びしん》涙落つ旧恩の衣

（酒に酔い西山を眺めると上皇の乗る車駕ははるか遠くに行く、それを思うと微臣の涙がかつて上皇から賜った衣に零れ落ちてしまった）

この宴座《えんのざ》に侍り左右に言うには、前に太上皇（清和上皇）の命で此の宴に陪し、太上皇が脱いで下された御衣が今日着ているところのものである。この日、応じて作った詩の句がここに及び、満座感動してあるいは涙を拭う者もあった。この時、太上皇は水尾山寺に御していた。

というものである。清和上皇が水尾山寺に入るのはこの年の三月十九日であり、正月二十日にはまだ諸寺巡礼の途中なので、「公家伝」の記事には齟齬がみられる。それでも、清和上皇は臣下の公卿たちから慕われ、基経とも強く結びつきを持っていたことが、この逸話からうかがわれるのである。

死の報告

清和上皇の死の翌日、十二月五日にその事実を内外に頒告《はんこく》し、遺詔において素服・挙哀を停止するといっても、やはり宴飲して楽をなしたり美服を着たりすることを禁じた。また、諸衛に馬寮と兵庫を警固させ、伊勢・近江・美濃の三関《さんげん》に使いを派遣して固関さ

せた。なお、左右馬寮は例によって使等の馬を給い、大蔵省《おおくらしょう》は商布《しょうふ》二千端、貞観一千貫文を円覚寺に進め奉った。

清和上皇の葬送

七日の夜、酉四刻《とりのしこく》（午後六時半頃）に清和上皇を山城国愛宕郡の粟田山で火葬に付し、遺骸を水尾山上に置いた。これは清和上皇の遺詔によるものである。陽成天皇は素服、太政大臣藤原基経および殿上《てんじょう》の近臣、清和院に仕えていた諸人は皆、縞素《こうそ》であったが、百官にはそれをさせなかった。清和上皇が埋葬されたのは、現在の京都市右京区嵯峨水尾清和の山腹であり、愛宕山《あたごやま》西南二キロの山間狭隘の地で、かねて終焉の地と定めたことによる。水尾山陵《みずのおやまのみささぎ》と称されたが、薄葬の遺詔に従って山陵を起こさず、陵形は地を方形に画するのみで、『延喜式《えんぎしき》』諸陵寮《しょりょうりょう》にも当陵は載せられていない。なお、清和天皇を別名「水尾天皇」「水尾帝」と称するのはこの陵の所在地による。この水尾山陵の近くには、現在、清和上皇を祀った清和天皇社も存在する。

初七日

十日に初七日が行われ、粟田寺・円覚寺・常寂寺・禅林寺・貞観寺・観空寺・水尾山寺の七ヵ寺に使を遣わし、功徳を修転させている。遺詔によって官物《かんもつ》を費やさず、ゆえに内蔵寮《くらりょう》の布を使ったのである。

十一日には月次祭《つきなみのまつり》と神今食《かみいまけ》祭を止める一方、諸衛・固関を解いた。開関使は、近江

四十九日

清和天皇社

国が十二日、伊勢国が十五日、美濃国が十七日に復命している。そして円覚寺において五十僧を延《まね》き、この日から四十九日まで昼は法華経を読み、夜は光明《こうみょう》真言を誦《しょう》した。弁官《べんかん》が事を行い大蔵省の物を用いた。十二日には陽成天皇が素服を解除した。また、清和上皇が死去してから、公卿は仗《じょう》下《か》において弁官の政を聴いていたが、十九日、太政官候庁《こうちょう》（外《げ》記《き》庁）において常政を聴いた。

翌元慶五年正月朔日、諒闇《りょうあん》によって朝《ちょう》賀《が》が廃された。

七日に、東大寺・興福寺にて三十五日の転念功徳が修された。本来は翌八日が三十五日であったが、御斎会と重なるのを避けるためであった。清和上皇が頭陀暦覧した山城国・大和国・摂津国・丹波国の十三ヵ寺には清和院から使が派遣され、別に功徳が修された。その嚫《しん》には院の物が用いられた。そして二十二日に、四十九日の斎会が円覚寺で行われ王公が畢会《ひっかい》した。

この後、元慶五年・元慶六年・元慶七年と、清和上皇の忌日《きにち》である十二月四日に円覚寺で法会が修されている。

天皇制の画期

以上、清和天皇の生涯をみてみると、歴史上の人物として何かをなしとげたという事績があるわけではなく、むしろ、最初の幼帝として即位し、日常政務や政務儀礼に出御しなくなることが定着していったのである。古く天皇（大王）は、統治のために周辺諸国に積極的に行幸する姿がみられたが、律令制が導入され都城が造営されると、次第にその行動は控えられていくようになる。このような天皇制の変遷を、仁藤敦史氏は「動く王」から「動かない王」へと評した（仁藤敦史「古代国家における都城と行幸」）。そしてここにおいて、天皇の政務への不出御化は「見えない天皇」への変質を意味し、それが摂関政治の始まりと軌を一にしているのである。こうしてみると、清和天皇はその存在自体が天皇制の画期であったといえよう。

第六　后妃と子孫

一　后妃と子女

后妃

清和天皇の后妃《こうひ》には、女御《にようご》十三人、更衣《こうい》六人、その他六人の女性がおり、十九人の皇子女《こうしじよ》がいた。

藤原高子

まず、女御として第一にあげられるのは、二条后《にじようのきさき》と呼ばれた藤原高子《ふじわらのたかいこ》である。藤原良房《よしふさ》の兄藤原長良《ながら》の娘で、母は藤原総継《ふさつぐ》の娘の乙春《おとはる》。承和《じようわ》九年（八四二）に生まれ、藤原基経《もとつね》の同母妹である。入内《じゆだい》前の高子といえば、在原業平《ありわらのなりひら》との恋でも知られ、その逸話が『伊勢物語《いせものがたり》』『大和物語《やまとものがたり》』『古今集《こきんしゆう》』などに残されている。そのうち、『伊勢物語』第六段の話を示すと次のようになる。

『伊勢物語』の高子

昔、男（業平）がいた。女（高子）で、とても我が物とすることが難しいと思われたものを、何年にもわたってくどき続けていたが、やっとのことで盗み出して、たいそう暗い夜に逃げてきた。芥川《あくたがわ》という川のほとりに連れて行ったところ、草の上に結んだ露を見て、「あれはなんなの」と男に尋ねる。行く先は遠いし、夜もふけてきたので、鬼のいるところとも知らないで、雷までもがたいそうひどく鳴り、雨も激しく降ってきたので、がらんとした蔵に女を奥の方へ押し入れて、男は弓や矢なぐいを背負って、戸口《とぐち》に控えていた。早く夜が明けてしまってほしいと思いながら、腰をおろしているうちに、鬼がすでに一口に女を食べてしまっていたのだ。「ああー」と女は悲鳴をあげたのだが、雷鳴さわぎにかき消されてしまっていた。しだいに夜も明けてきたので、ほっとして奥の方をみると、確かに連れてきた女の姿がまったく見えない。足ずりをして泣き悲しんだが、今さら何のかいもない。

白玉か何ぞと人の問ひし時　露と答へて消えなましものを

（あれは白玉なの何なのとあの人が尋ねた時に、あれは露だよと答えて、そのまま露が消えるように、いっそ私も消えてしまえばよかったものを）

このことは、二条后（高子）が従妹の染殿《そめどの》の女御（藤原明子《あきらけいこ》）のそばに仕えるようなかたちでずっと身を寄せていたのだが、容姿がたいそうすばらしかったので、男が誘い出して背負って、屋敷から逃げ出したのを、后の兄弟の堀川《ほりかわ》の大臣（藤原基経）・長男の国経《くにつね》の大納言《だいなごん》が、まだ地位が低く内裏《だいり》へ参上する折に、女の人がたいそう泣いているのを聞きつけて、引きとどめて、取り返してしまった。それを、このように鬼と言い伝えているというわけだった。まだごく若くて、二条后が入内する以前の、ただの人でいた時のことか。

これによれば、業平が入内前の高子を強引に連れ出し、いわば駆け落ちをしたということになる。『伊勢物語』にはこの前段にも、業平が高子のもとに通い、兄の基経や国経らが見張りに立った話が載せられている。事実であれば后として大変な醜聞であるが、真偽のほどは定かでない。

入内後の高子

貞観《じょうがん》八年（八六六）の応天門《おうてんもん》の変《へん》後、高子は二十五歳で入内した。清和天皇より八歳年上であった。貞観十年に貞明親王《さだあきらしんのう》を生み、親王は翌貞観十一年に立太子《りったいし》した。これが陽《よう》成《ぜい》天皇となる。このほか、貞観十二年に貞保《さだやす》親王、さらに敦子内親王《とんしないしんのう》を生んでいる。貞観十五年には貞保・敦子ともに親王宣下《せんげ》を受けている。貞観十八年に清和天皇が譲位し、陽成天皇が九歳で即位すると、高子は皇太夫人《こうたいぶにん》となった。敦子内親王も元慶《がんぎょう》元年（八七七）、陽成天皇の賀茂斎院《かもさいいん》となっている。元慶六年に陽成天皇が十五歳で元服すると、高子は皇太夫人から皇太后《こうたいごう》となる。

陽成天皇の退位

ところが、元慶八年に陽成天皇は弱冠十七歳で退位する。実はその前年、宮中で源益《みなもとのまさる》が格殺《かくさつ》される事件が起き、『日本三代実録《にほんさんだいじつろく》』には明記されていないものの、手を下したのは陽成天皇とみなされている。そこで一般的には、この殺人という不測の事態に対し、翌年、陽成天皇は強制的に廃位させられ、文徳《もんとく》天皇の弟で五十五歳の光孝《こうこう》天皇が即位したと理解されている。これに対し、母后の高子と基経との対立に、陽成天皇退位の要因を求める見解も存在する（角田文衛「陽成天皇の退位」）。すなわち、九歳で即位した陽成天皇が元慶六年に十五歳で元服すると、母后である高子の政治的影響力が強まり、当時、摂政太政大臣《せっしょうだいじょうだいじん》であった基経の傀儡《かいらい》とならず、独自の立場をとって基経と対立するようになっていった。そこで基経が、高子の影響力を排除するために陽成天皇を退位させたというのである。退位が格殺事件の三ヵ月後であり、事件の犯人が陽成天皇であると確実に示す史料的証拠もないことから、この説を指示する立場も根強い。

后妃と子女

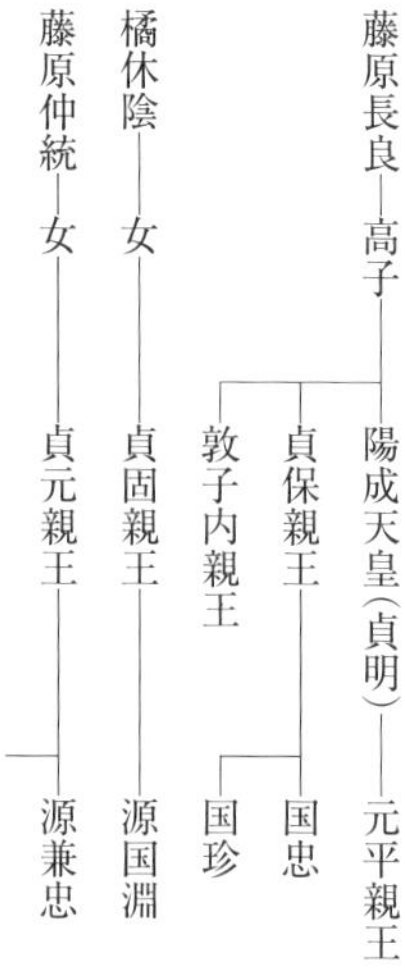

しかし、高子が政治的な影響力を行使した形跡や、それによって基経と対立が生じ

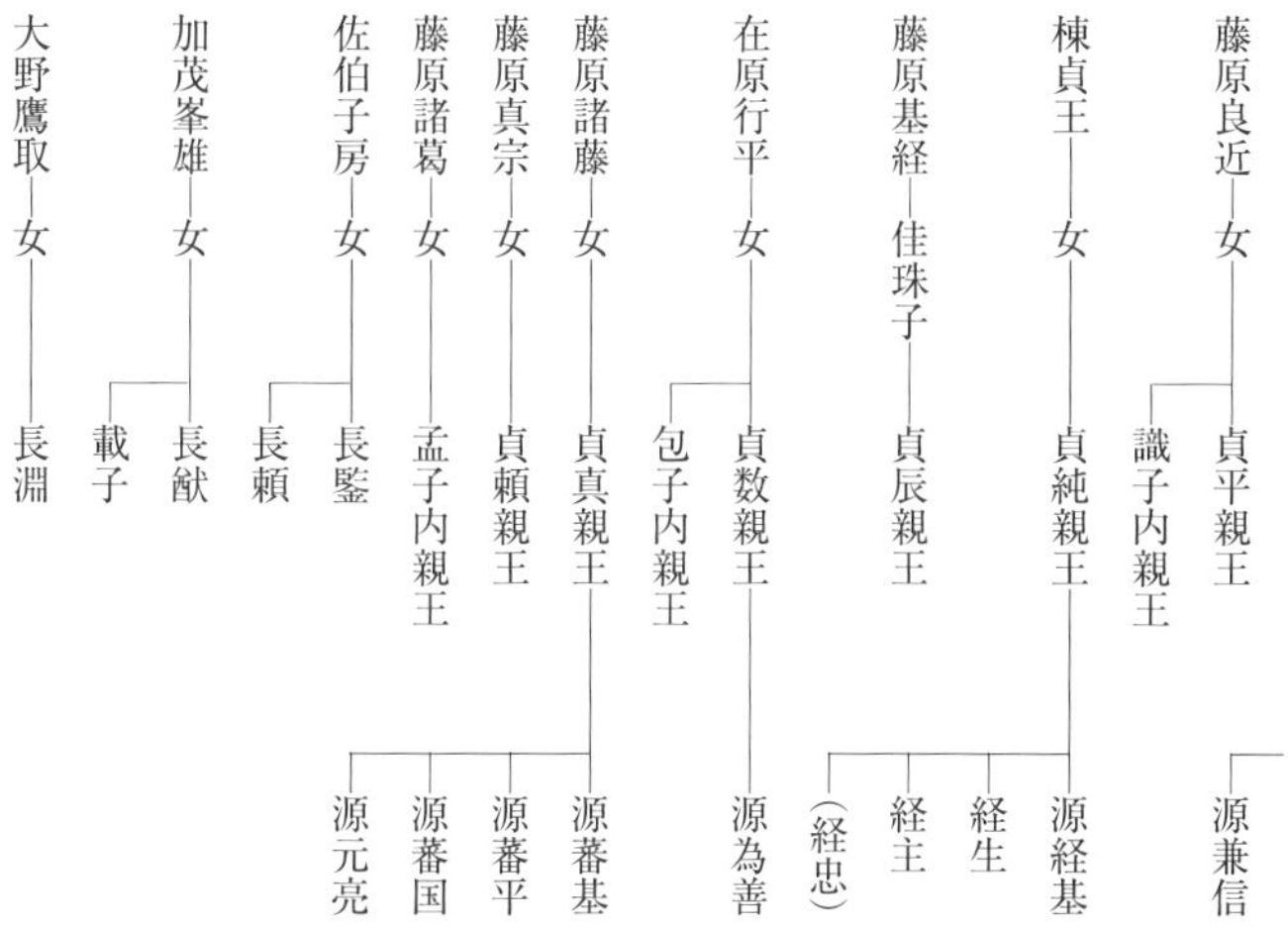

光孝天皇の擁立

たとしなければ解釈できない事例は見当たらず、基経との間に実際にそのような確執があったことは確認できない。さらに、もしそうであったとしても、そのような理由で基経は皇位を廃立できたのか、基経にそうした権限があったのかも疑問である。やはり、宮中における格殺のような具体的事件が起きなければ、廃位はできなかったであろうし、陽成天皇の退位の直接的要因はこの事件に求められよう。

なお、ここで擁立されたのが年長者の光孝天皇であったのは、さまざまな要因が指摘されているが、その一つとして幼帝《ようてい》を回避するという理由が考えられる。陽成天皇に血縁的に近い幼帝候補者が数名存在したにもかかわらず、それらが即位しなかったのは、幼帝は正規の状態ではないといまだ認識されていたからではないか。清和天皇・陽成天皇と二代、幼帝が続いたものの、直ちに幼帝即位に支障がなくなったわけではなく、むしろ陽成天皇の事例で、幼帝を忌避する意向が生まれてきたのであろう。この後、幼帝は五十年近く出現しないのである。

高子のその後

その後、高子は陽成上皇とともに二条院に遷った。そして、五十歳近くになって、洛《らく》東神楽岡《とうかぐらおか》南端に東光寺《とうこうじ》を建立するが、間もなく同寺の座主《ざす》善祐《ぜんゆう》との情事の醜聞が流れた。これなど、かつての在原業平との恋の逸話を彷彿させるものであり、その話が信憑性をもって後世に伝えられる要因となった。そして、その七年後の寛平《かんぴょう》八年（八九六）に皇太后を廃され、善祐も伊豆《いず》に流されている。高子の廃后は、善祐との情事が要因とされ、このように高子の生涯は、醜聞につきとまわれて評価を低めている感がある。ただし、噂から七年後というのは不自然であり、この廃后も基経と高子との確執に遠因を求める説もある。しかしこの時、皇太后として高子がいて、太皇太后《たいこうたいごう》の藤原明子も存命であったので、翌寛平九年に醍醐《だいご》天皇を即位させ、宇多《うだ》天皇の生母で当時皇太夫人であった班《はん》子女王《しじょおう》を皇太后とするためには、その地位を空けておく必要があった。高子の廃后はそのことによる措置と考えられ、決して醜聞による懲罰的処分ではなかったのである。高子はその後も前皇太后として重んぜられ、晩年は閑雅《かんが》な生活を送っており、延喜《えんぎ》十年（九一〇）に六十九歳で死去した。そして、死後三十三年後の天慶《てんぎょう》六年（九四三）に皇太后に復されている。

陽成上皇

陽成上皇は、左京二条二坊の陽成院を後院《ごいん》とし、八十二歳まで長寿を全うし、天暦《てんりゃく》三年（九四九）九月二十九日に死去した。その生涯の六十五年間は上皇《じょうこう》として過ごしたが、当然のことながら政治的には排除されており、影響力を持たなかった。なお、一度臣籍降下した宇多天皇が仁和《にんな》三年（八八七）に即位した後、「当代は家人《けにん》にはあらずや」（今の天皇はもともと自分の家来ではなかったか）と言い放ったという『大鏡《おおかがみ》』上、宇多天皇に載せる逸話は有名である。元来、奇矯な振る舞いが多く、『日本紀略《にほんきりゃく》』寛平元年八月十日条には「悪逆《あくぎゃく》之極」、『皇年代略記《こうねんだいりゃっき》』には「物狂帝《ものぐるいのみかど》」と記されている。母子ともども散々な評価だが、これは陽成天皇の系統が皇統から除外されたことにより、ことさらに悪く伝えられた面が強い。歌の素養もあり、百人一首《ひゃくにんいっしゅ》に、「筑波《つくばの》根《ね》の峰より落つる男女《みな》の川、恋ぞ積もりて淵となりぬる」の歌が採録されていることは有名である。

貞保親王

貞保親王は第四皇子で、元慶六年、十三歳で兄の陽成天皇とともに元服した。その後、上野太守《こうずけたいしゅ》、大炊寮《おおいりょう》別当《べっとう》などを歴任したが、むしろ風雅の才を発揮し、横笛《おうてき》・管弦・

神楽《かぐら》などの衆芸に秀で、「南竹譜」を撰したと『本朝書籍目録《ほんちょうしょじゃくもくろく》』にある。延長《えんちょう》元年（九二三）六月十九日に五十五歳で死去した。皇子に国忠《くにただ》・国珍《くによし》がおり、ほかに女子がいた。

敦子内親王

敦子内親王は、第五皇女や第十皇女とする史料もあるが、第三皇女の可能性が高い。賀茂斎院となった後、元慶四年四月十一日に紫野院に入ったが、十二月に父清和上皇が死去したため退下した。延長八年正月十三日に死去した。

藤原多美子

ほかの女御としては、まず藤原良相《よしみ》の娘藤原多美子《たみこ》がいる。貞観五年十月、清和天皇が藤原良房の六十の賀を内殿に給わった時、多美子は従四位下《じゅしいのげ》に叙《じょ》された。貞観六年正月元日に清和天皇が元服すると、その夕、選ばれて後宮《こうきゅう》に入り、二十七日に女御となった。高子より年下と思われるが、入内は二年早い。良相が兄良房に先んじて娘を後宮に入れ、そのことが二人に政治的緊張をもたらしたと推測される。しかし、応天門の変で良相が勢力を失ったのをみても、新たに入内した高子にとって代わられたとみられる。ただし、『日本三代実録』に載せる薨伝《こうでん》によると、性格は安祥《あんじょう》、容色は妍美《けんび》、徳行甚だ高かったので清和天皇の寵愛するところ他の姫と異なったという。清和上皇の入道の日に出家して尼となり、持斎勤修《じさいごんしゅ》した。清和上皇が死去すると、平生《へいぜい》賜った御筆《ぎょひつ》の手書《てがき》を収拾して料紙となし、法華経《ほけきょう》を書写して大斎会《だいさいえ》を設けて供養した。即日、大乗戒《だいじょうかい》を受けたので、聴いて感嘆しない者はいなかったという。しかし熱を発し、仁和二年十月二十九日に死去した。

藤原佳珠子

また、藤原基経の娘藤原佳珠子《かずこ》が、貞観十五年に女御となっている。貞観十六年に第七皇子の貞辰《さだとき》親王を生み、翌年十月十五日、貞辰親王は親王宣下を受けている。佳珠子は元慶三年、他の女御十人とともに季料・月俸が停止される。その後、佳珠子については、延喜十五年九月に大納言藤原道明《みちあき》の六十の算を賀していることが知られるのみである。貞辰親王は、延長七年四月二十一日に四品《しほん》で五十六歳で死去した。

藤原頼子

基経の娘では藤原頼子《らいし》も女御となっている。母は仁明《にんみょう》天皇の皇子人康《さねやす》親王の娘で、女御となったおり、従四位下に叙された。後に従三位《じゅさんみ》となったが、承平《じょうへい》六年（九三六）九月二十三日に死去した。

他の女御

女御にはほかに、嘉子《よしこ》女王・兼子《かねこ》女王・忠子《ただこ》女王・平寛子《たいらのかんし》・源済子《さいし》・源厳子《げんし》・源暄《けん》子《し》・源貞子《ていし》・源宜子《ぎし》がいた。入内順に紹介すると、平寛子は貞観六年八月二十五日、藤原多美子に次いで早くに女御となり、その後、正五位下から従四位下、正四位下に叙されている。嘉子女王は貞観九年四月朔に女御となり、翌年、従四位上に叙された。源済子は文徳天皇の皇女で、仁寿《にんじゅ》三年（八五三）に源朝臣《あそん》を賜り、貞観九年八月二十九日に女御となっている。源貞子は貞観九年十二月七日に女御となり、貞観十五年正月二十日に死去している。忠子女王は貞観十二年三月二十六日に女御となり、延喜四年五月十二日に死去している。兼子女王は貞観十五年十二月七日に女御となっている。源宜子は貞観十八年八月二十一日に女御となっている。女御となった年月が不分明な者としては、源能有《よし》の娘で源厳子がおり、温明殿《うんめいでん》の女御と呼ばれた。貞観十三年十二月十六日に、尚侍《ないしのかみ》源全姫《またひめ》の六十の算を賀して功徳《くどく》を修する願文《がんもん》が『菅家文草《かんけぶんそう》』に収録されている。元慶三年六月二十六日に死去した。また、源暄子もいつ女御となったか不明だが、『一代要記《いちだいようき》』に正四位下とある。

季料・月俸停止

このうち、貞観十五年に死去した源貞子を除いた八人に、藤原多美子・藤原佳珠子・藤原頼子を加えた十一人の季料・月俸が、清和上皇の勅《ちょく》により元慶三年に停止されたことは前述した通りである。

更衣その他

更衣には藤原良近《よしちか》の娘・在原行平《ゆきひら》の娘・藤原諸藤《もろふじ》の娘・藤原真宗《さねむね》の娘・佐伯子房《さえきのこふさ》の娘・橘休蔭《たちばなのよしかげ》の娘がおり、藤原良近の娘からは貞平《さだひら》親王・識子《しきし》内親王、在原行平の娘からは貞数《さだかず》親王・包子《ほうし》内親王、藤原諸藤の娘からは貞真《さだざね》親王、藤原真宗の娘からは貞頼《さだより》親王、佐伯子房の娘からは源長鑒《ながあき》・源長頼《ながより》、橘休蔭の娘からは貞固《さだかた》親王が生まれている。

そのほか、藤原仲統《なかむね》の娘から貞元《さだもと》親王が生まれており、棟貞《むねさだ》王の娘からは貞純《さだずみ》親王が生まれている。藤原諸葛《もろくず》の娘からは孟子《もうし》内親王が生まれており、賀茂峯雄《かものみねお》の娘からは源長猷《ながかず》・源載子《さいし》が生まれ、大野鷹取《おおののたかとり》の娘から源長淵《ながふち》が生まれている。ほかに隆子《りゅうし》女王が入内していた。

皇子女

『日本三代実録』貞観十五年四月二十一日乙卯《きのとう》条には、貞固・貞元・貞保・貞平・貞純・孟子・包子・敦子ら八人が親王宣下を受け、長猷・長淵・長鑒・載子ら四人が源朝臣を賜わる記事が載せられている。貞明親王（陽成天皇）が第一皇子で貞保親王が第四皇子、そして『清和天皇実録』によれば『諸家系図纂《しょけけいずさん》』に貞元親王が第三皇子とあることから、『日本三代実録』に記されているこの順が、おおむね生誕順とみてよいだろう。ほかには、貞観十七年に貞辰、貞観十八年三月十三日には貞数・識子が親王宣下を受け、長頼に源朝臣を賜っている。同年十一月二十五日にも、貞真・貞頼が親王宣下を受けている。

これらの皇子女について概説したい。

貞固親王

貞固親王は第二皇子とみられ、四品に叙され、常陸《ひたち》太守・弾正尹《だんじょういん》に補任され、延長八年五月十五日に死去している。皇子に源国淵がいる。

貞元親王

貞元親王は閑院《かんいん》親王と呼ばれ、四品、上野太守となり、延長九年十一月二十六日に死去した。藤原基経の娘が妃となり、源兼忠《かねただ》・源兼信《かねのぶ》を生んでいる。このうち、兼忠は天暦八年に五十四歳で参議《さんぎ》となり、清和天皇の孫で唯一、公卿《くぎょう》となった。天徳《てんとく》二年、五十八歳で死去した。

貞平親王

貞平親王は延喜十三年三月六日に死去しているが、一条君と呼ばれる女子がおり、京 極御息所《きょうごくみやすどころ》の女房《にょうぼう》となっている。同母妹の識子内親王は第四皇女で、貞観十六年に生まれた。元慶元年二月十七日に陽成天皇の伊勢斎王《いせさいおう》に定められ、二十三日には新天皇の即位と斎王卜定《ぼくじょう》のことが伊勢神宮に告げられた。元慶二年八月二十八日に野宮《ののみや》に入り、元慶三年九月九日に豊楽殿《ぶらくでん》で発遣儀が行われた。この時、摂政藤原基経が幼帝の代行をしたことは前述した通りである。しかし、元慶四年に父清和上皇が死去したことにより、斎王を解かれ伊勢を退去し、翌年、帰京した。延喜六年十二月二十八日、三十三歳で死去した。

貞純親王

貞純親王は第六皇子で桃園《ももぞの》親王と呼ばれる。延喜十六年五月七日に死去しており、享年四十三とされる。源能有の娘が妃となり、源経基《つねもと》・経生《つねなり》が生まれている。源経基については後述する。

貞数親王

貞数親王は第八皇子で、貞観十七年に生まれた。元慶六年三月二十七日に、陽成天皇が清涼殿《せいりようでん》で皇太后高子の四十の宝算《ほうさん》を慶賀した時、八歳にして陵王《りようおう》を舞い、観る者感涙を催し、舞台の下に控えていた外祖父在原行平が舞い終わるや親王を抱持し歓躍して退出したという。また、仁和二年正月二十日、藤原時平《ときひら》の加冠拝爵《かかんはいしやく》の賀に十二歳の貞数親王が童十人ばかりと舞い、翌日、帯剣《たいけん》を許された。仁和四年十月十八日、十四歳で元服し、寛平九年七月十三日、醍醐天皇即位において右侍従《うじじゆう》となった。延喜十三年三月十三日の亭子院歌合《ていじいんうたあわせ》には右頭になるなど、歌舞《かぶ》を好んだ。延喜十六年五月十九日に四十二歳で死去している。皇子に源為善《ためよし》がいる。貞数親王の同母姉の包子内親王は、寛平元年四月二十二日に死去しているが、それを記す『日本紀略』同日条には第一皇女とあり、『日本三代実録』貞観十五年四月二十一日条と齟齬する。

貞真親王

貞真親王は第九皇子で、貞観十八年に生まれた。延長四年二月十八日、醍醐天皇の清涼殿において花宴が行われ、仰せを蒙って箏を弾き、御衣を賜っている。八年十一月二十一日、朱雀《すざく》天皇の即位式において、外弁《げべん》に奉仕した。承平元年九月二十日に五十六歳で死去した。皇子に源蕃基《しげもと》・源蕃平《しげひら》・源蕃固《しげかた》・源元亮《もとすけ》がいる。

貞頼親王

貞頼親王は第十皇子で、貞観十八年に生まれた。延喜四年八月に、延暦寺西塔院《えんりやくじさいとういん》の釈迦堂に四天王像《してんのうぞう》を安置する記録がみられる。延喜二十二年二月八日に四十七歳に死去した。

孟子内親王

孟子内親王は延喜元年六月二十七日に死去している。

このように、清和天皇の皇子たちは、管弦糸竹《しちく》や歌舞などの才に名を残す者はいたが、政治的に活躍する者はみられなかった。これは、陽成天皇が廃位され、清和天皇の系統が皇統から排除されことが影響し、衆芸に活路を見出すよりほかに宮廷社会で生きる道を閉ざされたためと推測されよう。

二　清和源氏

源経基

清和天皇の子孫で最も有名なのは、武家の棟梁となった清和源氏《げんじ》であろう。これは、貞純親王の子経基王の子孫である。貞純親王は清和天皇の第六皇子だったので、経基王は六孫王《ろくそんおう》と呼ばれたが、源氏賜姓《しせい》され源経基となった。天慶二年以前に武蔵介《むさしのすけ》として下向したが、平将門《まさかど》らが謀反《むほん》を起こそうとしていると朝廷に告言《こくげん》し、従五位下《じゅごいのげ》に叙されている。翌年、将門追討のための征討副将軍《せいとうふくしょうぐん》に任じられたが、東国に到着する前に、将

清和源氏系図

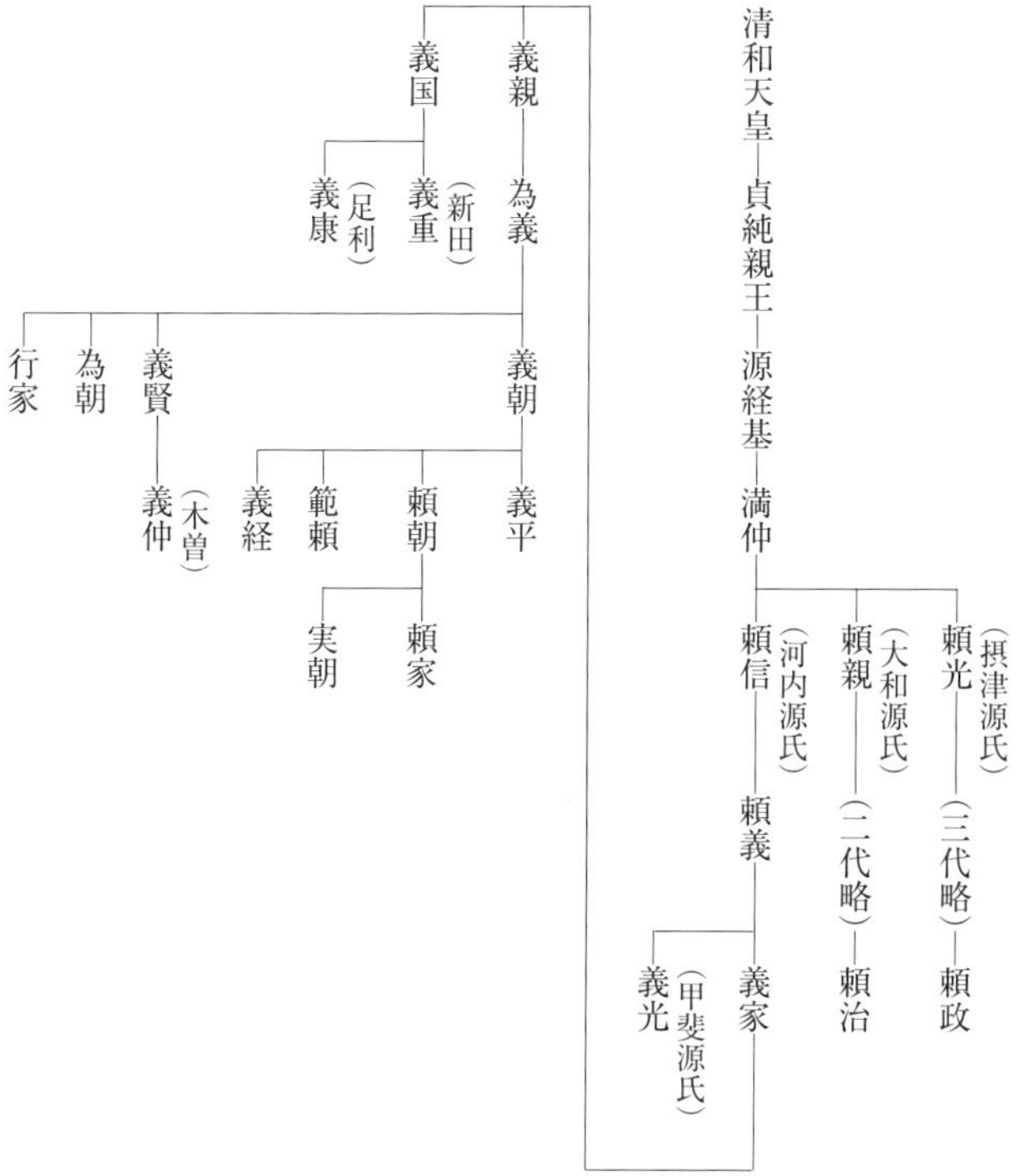
清和天皇
貞純親王
源経基
満仲
（摂津源氏）
頼光
（三代略）
頼政
（大和源氏）
頼親
（二代略）
頼治
（河内源氏）
頼信
頼義
義家
（甲斐源氏）
義光
義親
為義
義朝
義平
頼朝
頼家
実朝
範頼
義経
義賢
（木曽）
義仲
為朝
行家
義国
（新田）
義重
（足利）
義康

門は平貞盛《さだもり》・藤原秀郷《ひでさと》によって討ち取られた。また、西海で海賊行為をしていた藤原純《すみ》友《とも》平定のため、追捕山陽南海両道次官《ついぶさんようなんかいりょうどうじかん》に任じられ、純友死後、大宰少弐《だざいのしょうに》として残党追捕《ついぶ》にあたった。経基は際立った武功を挙げたわけではなく、むしろ『将門記《しょうもんき》』に「いまだ兵の道を練れずして」と厳しい評を受けているが、平将門の乱・藤原純友の乱の平定に関わったことで、その子孫が武家の棟梁としての地位を築くようになっていったのである。

源満仲

経基の子源満仲《みつなか》は、安和《あんな》二年（九六九）の安和の変において謀叛《むほん》を密告し、その弟の源満《みつ》季《すえ》が藤原千晴《ちはる》を逮捕している。この満仲とその三人の子源頼光《よりみつ》・源頼親《よりちか》・源頼信《よりのぶ》は摂関家に臣従した。

摂津源氏

頼光は、父から摂津国多田荘《せっつのくにただのしょう》を伝領し、摂津源氏の祖となった。子孫には、治承《じしょう》元年（一一七七）の鹿ケ谷《ししがたに》の陰謀を密告した源（多田）行綱《ゆきつな》や、歌人としても名高く治承四年に以仁王《もちひとおう》を助けて挙兵した源頼政《よりまさ》などがいる。頼光といえば、渡辺綱《わたなべのつな》・坂田金時《さかたのきんとき》ら頼光四天王や、大江山《おおえやま》の鬼・酒呑童子《しゅてんどうじ》退治の逸話も有名だが、これらは後世の創作とされ、実話であるかは疑わしい。

大和源氏

頼親は、大和守《やまとのかみ》を三度経験し、大和国に勢力を張った大和源氏の祖である。しばしば興福寺《こうふくじ》と衝突したが、大和国南部に土地を多く領有した。それらは子の源頼房《よりふさ》に伝領され、その孫の源頼治《よりはる》の宇野《うの》氏の系統が大和源氏では最も繁栄した。

河内源氏

頼信は、河内《かわち》源氏の祖であるが、長元《ちょうげん》元年（一〇二八）に上総《かずさ》国で平忠常《ただつね》の乱が起きると、二年後に追討使となって忠常を帰順させ、源氏の東国進出の足掛かりを築いた。そして、頼信の子の源頼義《よりよし》と源義家《よしいえ》父子は、十一世紀後半に東北地方で起こった前九年合戦《ぜんくねんかっせん》・後《ご》三年合戦《さんねんかっせん》で武功を挙げた。特に義家は、藤原家衡《いえひら》追討の官符《かんぷ》を求めたが、朝廷はこれを私闘とみなしてそれを発せず、恩賞《おんしょう》もなかったため、私財をもって付き従った東国武士をねぎらったことにより、両者の関係はより強固となった。

ところが、義家の子源義親《よしちか》が九州で乱暴を働き、嘉承《かしょう》三年（一一〇八）に桓武平氏《かんむへいし》の平正《まさ》盛《もり》に追討されてしまった。これを命じたのは白河《しらかわ》上皇であり、それは上皇自身に仕える正盛を引き立てるためであったといわれるが、これによって源氏と平氏の勢力は逆転するのである。その後、河内源氏の嫡流は義親の子で義家の養子であった源為義《ためよし》が継承するが、為義は保元《ほげん》元年（一一五六）の保元の乱、その子源義朝《よしとも》は平治《へいじ》元年（一一五九）の平治の乱に敗れ、義朝の子源頼朝《よりとも》は伊豆《いず》に流され、源氏は雌伏を余儀なくされるのである。しかし、治承・寿永《じゅえい》の内乱において、再起した頼朝は平氏を滅ぼし、征夷大将軍《せいいたいしょうぐん》となって鎌倉幕府を開いたことは周知のことであろう。

なお、義家の弟の源義光《よしみつ》は甲斐《かい》源氏の祖となり、子孫に戦国大名でもお馴染みの佐竹《さたけ》氏や武田《たけだ》氏などが出る。また、義家の子源義国《よしくに》の子孫には、鎌倉幕府を滅ぼした新田《にった》氏や、室町将軍家となる足利《あしかが》氏が出てくるが、これらは本書の範疇から外れるので、詳述することはしない。

陽成源氏説

ところで、源経基は清和天皇の孫ではなく、実は陽成天皇の孫であり、本来は陽成源氏と言うべきであるとの説がある。最後に、そのことについて触れたい。

源頼信告文

『尊卑分脈《そんぴぶんみゃく》』や『本朝皇胤紹運録《ほんちょうこういんじょううんろく》』などには、「貞純親王―経基」とあり、経基は清和天皇の孫にあたることが知られる。しかし、経基の孫の源頼信が誉田八幡宮《こんだはちまんぐう》に奉納したとされる「源頼信告文《みなもとのよりのぶこうもん》」という史料に、自らの系譜に触れ、「先人新発、其先経基、其先元平《もとひら》親王、其先陽成天皇」とあり、また「曽祖陽成天皇者権現《ごんげん》之十八代孫也。頼信者彼天皇之四世孫也」とある。すなわち、自身の前は新しく出家した源満仲でその前が経基、その前が元平親王でその前が陽成天皇である、また自身の曽祖父の陽成天皇は八幡神《はちまんしん》の十八代の子孫で、頼信は陽成天皇の四世孫となるというのである。ここでは、経基は陽成天皇の第二皇子の元平親王の子とされており、この頼信の願文を信じれば、本当は陽成源氏だったのである。それがなぜ、清和源氏とされたかというと、陽成天皇は宮中で殺人を犯すなど「物狂帝」と言われ、後世、そのような不名誉な子孫であることを忌避して系図を一代遡らせたという。これは明治時代に、星野恒氏によって提唱され、それなりに支持を得た説である（星野恒「世ノ所謂清和源氏ハ陽成源氏ナル考」）。

清和源氏説

しかし、清和源氏説も根強く、説が対立していたが、近年、清和源氏説を裏付ける有力な指摘がなされている（藤田佳希「源経基の出自と「源頼信告文」」）。

まず、満仲は永延《えいえん》元年（九八七）に出家しているが、『今昔物語集《こんじやくものがたりしゆう》』巻第十九「摂津守源満仲出家する語」によればそれは六十歳余りだったというので、満仲の生年は延喜二十年頃と推定される。そこから、父の経基の生年は延喜元年頃と考えられる。ここで、元平親王の生年は、兄元良《もとよし》親王が寛平二年に生まれ、弟元長親王が延喜元年生まれなので、その間となる。そうすると、元平親王と経基は親子関係が成り立たなくなり、むしろ延喜十六年に四十三歳くらいで死去した貞純親王の子であったとみるほうが、年齢的には合致する。また、前述したように、経基が「六孫王」と呼ばれていることは、経基が清和天皇の第六皇子である貞純親王の子であることとの傍証となろう。

王氏爵不正事件

それではなぜ、「源頼信告文」が経基を陽成源氏の孫としているのであろうか。そこで参考になるのは、天暦七年に起きた王氏爵《おうししやく》不正事件である。氏爵とは、毎年正月の叙位《じょい》で、王氏・源氏・藤原氏・橘氏からそれぞれ一人ずつ、従五位下に叙爵《じょしやく》することを申請する制度で、平安初期以降に行われていた。そして、清和天皇・陽成天皇の孫王たちは、「貞観御後」（清和子孫）・「元慶御後」（陽成子孫）ごとにグループを作り、巡に叙爵を申請するようになった。そのなかで、「元慶御後」の巡であった天暦七年に、推挙権を持っていた元平親王が源経忠の叙爵を申請したのだが、経忠は本来「貞観御後」であるはずなのに、元平親王が「元慶御後」と偽って叙爵を申請したのである。その虚偽が発覚して、二人とも処罰されるという事件が起きたのである。

ここで、清和天皇の孫である経忠と、源経基は名前の字から兄弟であると類推され、ここからも経基が清和天皇の孫であることは確実である。この事件は、長徳《ちようとく》四年（九九八）に起きたやはり藤氏爵不正事件について、諮問を受けた惟宗允亮《これむねのただすけ》が進上した先例として『権記《ごんき》』同年十一月十九日条に載せられている。さて、元平親王がなぜ、経忠を「元慶御後」と偽ったのかというと、清和天皇・陽成天皇の系統は、光孝天皇系に皇統が移ることにより冷遇され、それを乗りきるために、貞純親王の子らと元平親王が深い関係に結びついていったと推測されている。そして、源頼信が自身の祖先を知らないはずはなく、頼信以外の人物で元平親王と経忠との結びつきを知っている者が、頼信を陽成天皇の孫で元平親王の子とする「源頼信告文」を作成したとされるのである。

陽成院の庇護

さらに、元木泰雄氏は、源経基は父貞純親王の死後、陽成院や元平親王のもとで武人として養育されたのではないかと推測している（元木泰雄『源満仲・頼光』）。

清和天皇と武家の棟梁

このように、源経基は清和天皇の孫と考えて間違いないのであるが、清和天皇の系統は、皇統から疎外されたこともあり、公卿としての地位を確保することはできなかった。したがって、清和天皇の子孫は衆芸などに活路を見出していったことは前述したが、そのなかで経基の子孫は、進んで武家の棟梁としての道を歩んでいくことになった。そして、武家の棟梁としての清和源氏が逆に、清和天皇の名を日本の歴史に強く記憶させることになったといっても過言ではない。

略系図（作図の都合上、兄弟順は必ずしも生まれた順になっているわけではない）

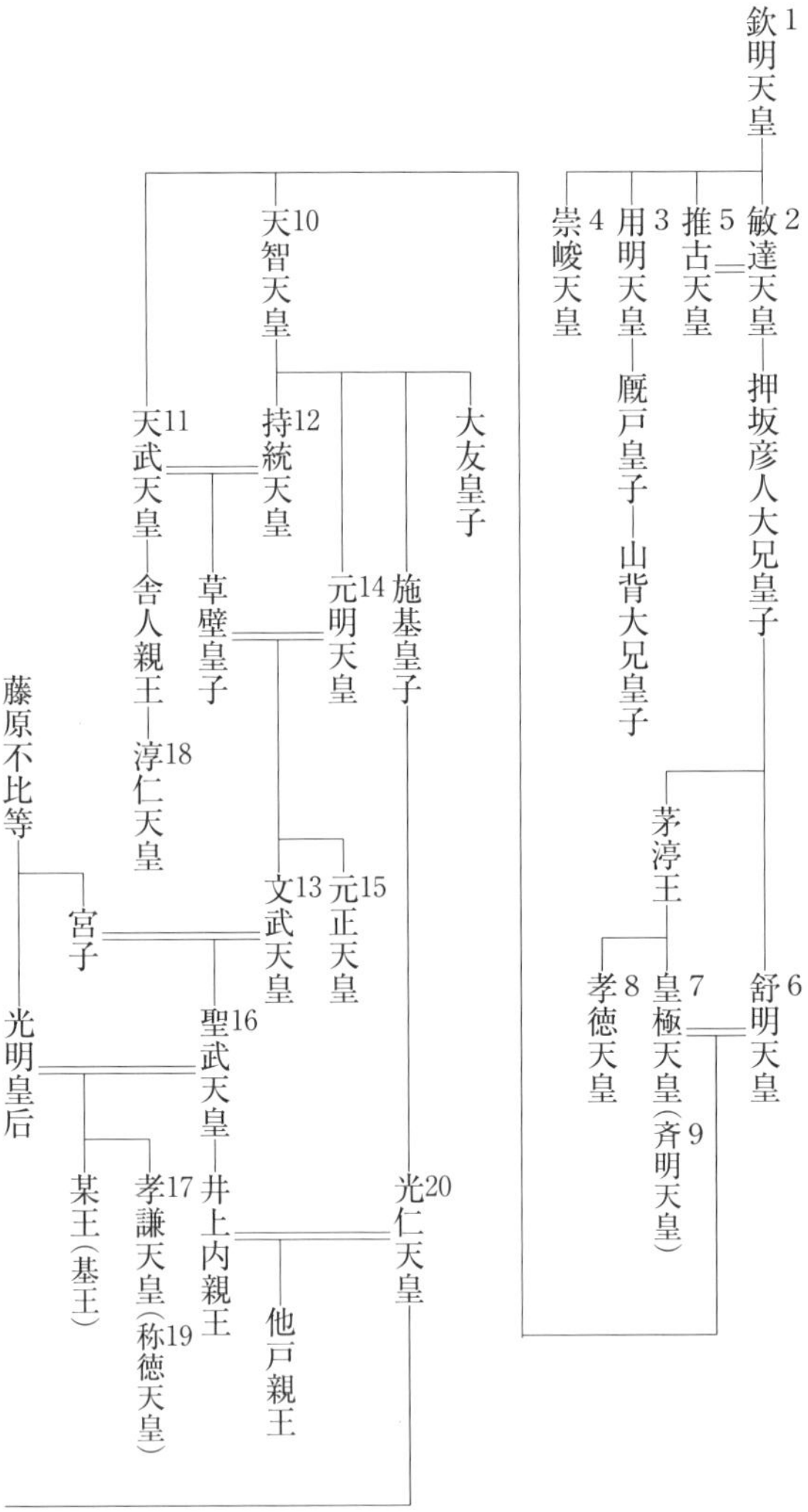

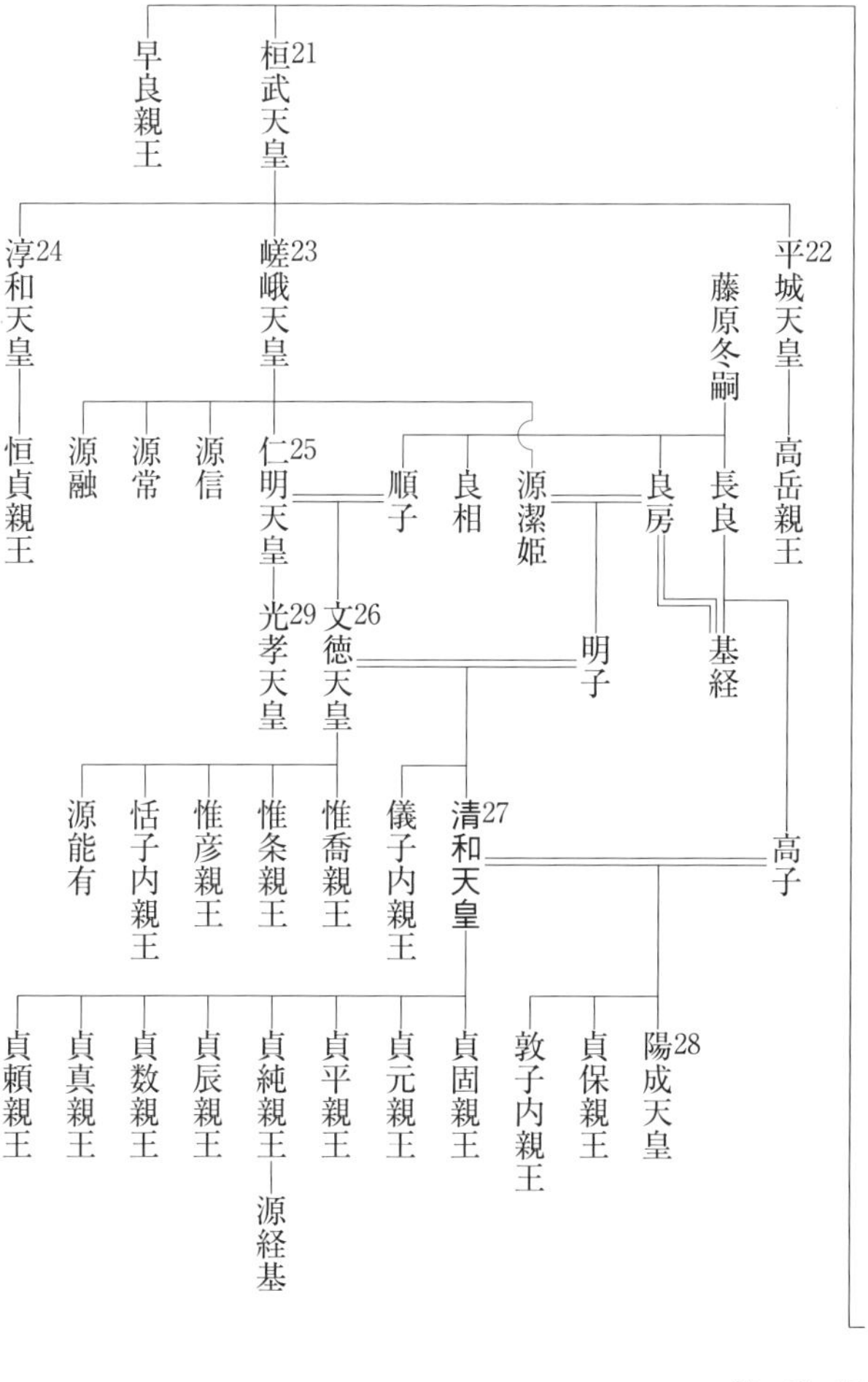

早良親王
21 桓武天皇
22 平城天皇
23 嵯峨天皇
24 淳和天皇
藤原冬嗣
高岳親王
長良
良房
源潔姫
良相
順子
25 仁明天皇
源信
源常
源融
恒貞親王
基経
明子
26 文徳天皇
29 光孝天皇
高子
27 清和天皇
儀子内親王
惟喬親王
惟条親王
惟彦親王
恬子内親王
源能有
28 陽成天皇
貞保親王
敦子内親王
貞固親王
貞元親王
貞平親王
貞純親王
源経基
貞辰親王
貞数親王
貞真親王
貞頼親王

略年譜

年次	西暦	年齢	事蹟	参考事項
嘉祥 三	八五〇	一	三月、藤原良房の東京一条第で誕生○一一月、立太子	三月、仁明天皇死去○四月、文徳天皇即位
斉衡 元	八五四	五	八月、文徳天皇に謁覲○この間に冷然院皇太子直曹司に移る	
三	八五六	七	正月、文徳天皇に朝覲○この年、円仁から灌頂を授かる	
天安 元	八五七	八		二月、藤原良房太政大臣○源信左大臣○藤原良相右大臣
二	八五八	九	八月、受禅○皇太后藤原順子と同輿して東宮に遷御○一一月、大極殿で即位式	八月、文徳天皇死去○一一月、藤原明子皇太夫人となる○一二月、十陵四墓を定める
貞観 元	八五九	一〇	一一月、朝堂院で大嘗祭○この年、円仁から菩薩戒を受ける	四月、貞観に改元○藤原順子が西京三条第に退去、饒益神宝鋳造○この年、渤海客来航
二	八六〇	一一	正月、元日節会・白馬節会・踏歌節会に出御	一一月、朔旦冬至○この年、石清水八幡宮創祀

三	八六一	一二		二月、藤原順子落飾入道○三月、東大寺大仏供養会○六月、宣明暦頒行○九月、伊勢斎王恬子内親王発遣
四	八六二	一三		三月、貞観新制○七月、大唐商人来航、真如法親王（高岳親王）・宗叡入唐、宗叡は在唐中に大華厳寺で千僧供養（清和天皇の御願か）
五	八六三	一四		五月、神泉苑で御霊会○六月、越中・越後で大地震○一〇月、藤原良房六十の賀○この年咳逆病流行
六	八六四	一五	正月、東宮前殿で元服○大極殿で朝賀、藤原多美子入内○二月、藤原良房の東京染殿第に幸し観桜宴○八月、平寛子入内	正月、藤原順子太皇太后・藤原明子皇太后、円仁死去○暮から、藤原良房重病
七	八六五	一六	一一月、内裏仁寿殿に遷御	
八	八六六	一七	三月、藤原良相の西京第に幸し桜花宴○閏三月、藤原良房の東京染殿第に幸し観桜宴○一二月、藤原高子入内	閏三月、応天門炎上○八月、大宅鷹取が伴善男を告発、藤原良房に天下の政を摂行する勅（摂政）○九月、伴善男流罪（応天門の変）○一一月、藤原明子が内裏常寧殿に遷る
九	八六七	一八	三月、藤原明子の常寧殿曲宴で盃を挙げる○四月、嘉子女王、八月、源済子、一二月、源貞子入内	一〇月、藤原良相死去

一〇	八六八	一九	七月、僧道珠の修験を聞く○一二月、貞明親王誕生	閏一二月、『貞観交替式』施行、源信死去○この年、藤原明子四十の賀
一一	八六九	二〇	二月、貞明親王立太子	四月、『貞観格』撰修（九月、頒行）○五月、新羅海賊が博多津に侵寇、陸奥国で大地震（貞観大地震）○七月、肥後国で大型台風○八月、『続日本後紀』編纂
一二	八七〇	二一	三月、忠子女王入内○九月、貞保親王誕生	正月、藤原氏宗右大臣、貞観永宝鋳造
一三	八七一	二二	二月、紫宸殿に出御して政事を視る	八月、『貞観式』撰修（一〇月頒行）○九月、藤原順子死去○一〇月、応天門完成○一二月、渤海客使来航
一四	八七二	二三		二月、藤原氏宗死去○八月、源融左大臣、藤原基経右大臣○九月、藤原良房死去○この年、咳逆病流行、藤原明子が染殿に遷る
一五	八七三	二四	四月、貞固親王以下八人の皇子女に親王宣下○四人の皇子女に源氏賜姓○一二月、兼子女王入内○この年、藤原佳珠子入内	貞観一四年一二月以降、『儀式』編纂
一六	八七四	二五	二月、貞明親王参内○三月、皇太后宮で宴○この年、貞辰親王誕生	二月、藤原明子が皇太后職院に遷る

一七	八七五	二六	四月、『群書治要』の講義を受ける、『史記』を読む○この年、貞数親王誕生	正月、皇太后宮・東宮で拝賀
一八	八七六	二七	八月、源宜子入内○一一月、染殿院（清和院）に幸し貞明親王に譲位○一二月、太上天皇の尊号と封戸二千戸を受ける○この年、貞真親王・貞頼親王誕生	正月、皇太后宮・東宮で拝賀○四月、大極殿火災○一一月、藤原基経摂政
元慶 元	八七七	二八	正月、陽成天皇が豊楽院で即位式○閏二月～四月、封戸二千戸の返納と受容	四月、元慶に改元
二	八七八	二九	九月、清和院で大斎会	三月、元慶の乱勃発
三	八七九	三〇	三月、清和上皇の女御十三人の季料の停止を勅す○清和院で大斎会○五月、粟田院に移り出家○一〇月、諸寺巡行を開始	正月、僧正法印真雅死去○三月、太皇太后正子内親王死去
四	八八〇	三一	三月、水尾山寺に帰還○八月、嵯峨棲霞観に移る○一二月、円覚寺で死去○遺体を水尾に埋葬	一二月、藤原基経太政大臣

参考文献

一　史　料

『律令』（日本思想大系）　岩波書店
『続日本紀』（新日本古典文学大系）　岩波書店
『続日本紀』（新訂増補国史大系）　吉川弘文館
『続日本後紀』（新訂増補国史大系）　吉川弘文館
『日本文徳天皇実録』（新訂増補国史大系）　吉川弘文館
『日本三代実録』（新訂増補国史大系）　吉川弘文館
『日本紀略』（新訂増補国史大系）　吉川弘文館
『類聚国史』（新訂増補国史大系）　吉川弘文館
『類聚三代格』（新訂増補国史大系）　吉川弘文館
『交替式・弘仁式・延喜式』（新訂増補国史大系）　吉川弘文館
『類聚符宣抄』（新訂増補国史大系）　吉川弘文館
『本朝世紀』（新訂増補国史大系）　吉川弘文館

『扶桑略記』（新訂増補国史大系）　吉川弘文館

『公卿補任』（新訂増補国史大系）　吉川弘文館

『尊卑分脈』（新訂増補国史大系）　吉川弘文館

『吏部王記』（史料纂集）　続群書類従完成会

『権記』（史料纂集）　続群書類従完成会

『古今和歌集』（新日本古典文学大系）　岩波書店

『古今和歌集』（新編日本古典文学全集）　小学館

『伊勢物語』（新日本古典文学大系）　岩波書店

『伊勢物語』（新編日本古典文学全集）　小学館

『土佐日記』（新日本古典文学大系）　岩波書店

『土佐日記』（新編日本古典文学全集）　小学館

『大鏡』（日本古典文学大系）　岩波書店

『大鏡』（新編日本古典文学全集）　小学館

『宇治拾遺物語』（新日本古典文学大系）　岩波書店

『宇治拾遺物語』（新編日本古典文学全集）　小学館

『今昔物語集』（新日本古典文学大系）　岩波書店

『今昔物語集』（新編日本古典文学全集）　小学館

『菅家文草』（日本古典文学大系）　岩波書店
『古事談』（新日本古典文学大系）　岩波書店
『本朝文粋』（新日本古典文学大系）　岩波書店
『江談抄』（新日本古典文学大系）　岩波書店
『おくのほそ道』（日本古典文学大系）　岩波書店
『おくのほそ道』（新編日本古典文学全集）　小学館
『内裏儀式・内裏式・儀式・北山抄』（改訂増補故実叢書）　明治図書
『内裏式・儀式』（神道大系）　神道大系編纂会
『西宮記』（改訂増補故実叢書）　明治図書
『西宮記』（神道大系）　神道大系編纂会
『江家次第』（改訂増補故実叢書）　明治図書
『江家次第』（神道大系）　神道大系編纂会
『中右記』（大日本古記録）　岩波書店
『本朝月令』（神道資料叢刊）　皇学館大学
『小野宮年中行事』（群書類従・公事部）　続群書類従完成会
『本朝皇胤紹運録』（群書類従・系譜部）　続群書類従完成会
『皇年代略記』（群書類従・帝王部）　続群書類従完成会

『本朝書籍目録』（群書類従・雑部）　続群書類従完成会
『日本国見在書目録』（続群書類従・雑部）　続群書類従完成会
『本朝法家文書目録』（続々群書類従・雑部）　続群書類従完成会
『伴大納言絵詞』（日本絵巻大成）　中央公論社
『易経』（新釈漢文大系）　明治書院
『大唐開元礼』　汲古書院
『和名類聚抄』（覆刻日本古典全集）　現代思潮社
『石清水八幡宮護国寺略記』（『石清水八幡宮史』史料第一輯）　続群書類従完成会
『慈覚大師伝』（佐伯有清『慈覚大師伝の研究』）　吉川弘文館
『一代要記』（改定史籍集覧）　臨川書店
『寛平御遺誡』（『古代政治社会思想』日本思想大系）　岩波書店
『将門記』（『古代政治社会思想』日本思想大系）　岩波書店
『入唐求法巡礼行記』　上海古籍出版社
「源頼信告文」（『大日本古文書』家わけ四―一―三一）　東京大学出版会
『清和天皇実録』（天皇皇族実録）　ゆまに書房

二　参考文献

阿部　猛「貞観新制の基礎的考察」（『平安貴族社会』）　同成社　二〇〇九年
荒井秀規「貞観寺領荘園と「応天門の変」」（『日本歴史』七六一）　二〇一一年
石上英一「日本古代一〇世紀の外交」（井上光貞ほか編『東アジアにおける日本古代史講座7　東アジアの変貌と日本律令国家』）　学生社　一九八二年
石母田正「平安初期における徭役労働の軽減について」（『石母田正著作集第七巻　古代末期政治史論』）　岩波書店　一九八九年
榎村寛之『斎宮—伊勢斎王たちの生きた古代史』　中央公論新社　二〇一七年
遠藤元男「貞観期の日羅関係について」（『駿台史学』一九）　一九六六年
大平　聡「世襲王権の成立」（鈴木靖民編『日本の時代史2　倭国と東アジア』）　吉川弘文館　二〇〇二年
小倉暎一「石清水八幡宮創祀の背景—九世紀前後の政治動向を中心として—」（中野幡能編『八幡信仰』）　雄山閣出版　一九八三年
金沢悦男「日本古代における銭貨の特質」（『歴史学研究』七五五）　二〇〇一年
神谷正昌「平安時代の王権と摂関政治」（『歴史学研究』七六八）　二〇〇二年
神谷正昌「承和の変と応天門の変—平安初期の王権形成—」（『史学雑誌』一一一—一一）

神谷正昌「摂関政治の諸段階」(『国史学』一九七)　二〇〇二年
神谷正昌『平安宮廷の儀式と天皇』同成社　二〇〇九年
神谷正昌「摂関期の皇統と王権」(仁藤敦史編『古代文学と隣接諸学3　古代王権の史実と虚構』)　同成社　二〇一六年
河上麻由子「清和天皇の受菩薩戒について」(『日本仏教総合研究』一二)　竹林舎　二〇一九年
川尻秋生『日本の歴史4　平安時代揺れ動く貴族社会』小学館　二〇〇八年
川尻秋生『シリーズ日本古代史⑤　平安京遷都』岩波書店　二〇一一年
川尻秋生「入唐僧宗叡と請来典籍の行方」(『早稲田大学会津八一記念博物館研究紀要』一三)　二〇一二年
北山伊一編『清和天皇と水尾』水尾教育会　一九三七年
北山茂夫『日本の歴史4　平安京』中央公論社　一九六五年
京樂真帆子「伴善男─逆臣か「良吏」か」(吉川真司編『古代の人物4　平安の新京』)　清文堂　二〇一五年
倉本一宏『平安朝　皇位継承の闇』角川書店　二〇一四年
倉本一宏『戦争の日本古代史　好太王碑、白村江から刀伊の入寇まで』講談社　二〇一七年

今正秀「摂政制成立考」(『史学雑誌』一〇六―一) 一九九七年
今正秀「摂政制成立再考」(『国史学』一九七) 二〇〇九年
今正秀『日本史リブレット人015 藤原良房』 山川出版社 二〇一二年
佐伯有清『人物叢書 伴善男』 吉川弘文館 一九七〇年
坂上康俊「関白の成立過程」(笹山晴生先生還暦記念会編『日本律令制論集』下) 吉川弘文館 一九九三年
坂上康俊『日本の歴史05 律令国家の転換と「日本」』 講談社 二〇〇一年
坂上康俊「初期の摂政・関白について」(笹山晴生編『日本律令制の展開』) 吉川弘文館 二〇〇三年
坂本賞三「関白の創始」(『神戸学院大学人文学部紀要』三) 一九九一年
坂本太郎『坂本太郎著作集第三巻 六国史』 吉川弘文館 一九八九年
坂本太郎「藤原良房と基経」(『坂本太郎著作集第十一巻 歴史と人物』) 吉川弘文館 一九八九年
佐々木恵介『天皇の歴史03 天皇と摂政・関白』 講談社 二〇一一年
佐々木恵介『日本古代の歴史4 平安京の時代』 吉川弘文館 二〇一四年
佐藤宗諄「「前期摂関政治」の史的位置―貞観初年の政治を中心として―」(『平安前期政治史序説』) 東京大学出版会 一九七七年

佐藤長門「古代天皇制の構造とその展開」(『日本古代王権の構造と展開』)吉川弘文館 二〇〇九年
佐藤長門「『九暦』からみた陽成天皇と藤原高子」(『日本歴史』八五一)二〇一九年
東海林亜矢子「母后の内裏居住と王権―平安時代前期・中期を中心に―」(『平安時代の后と王権』)吉川弘文館 二〇一八年
鈴木琢郎「摂関制成立史における「応天門の変」」(『日本古代の大臣制』)塙書房 二〇一八年
瀧浪貞子『日本の歴史5 平安建都』集英社 一九九一年
瀧浪貞子『藤原良房・基経 藤氏のはじめて摂政・関白したまう』ミネルヴァ書房 二〇一七年
土田直鎮「類聚三代格所収官符の上卿」(『奈良平安時代史研究』)吉川弘文館 一九九二年
角田文衛「陽成天皇の退位」(『王朝の映像』)東京堂出版 一九七〇年
虎尾俊哉「貞観式の体裁」(『古代典籍文書論考』)吉川弘文館 一九八二年
中野渡俊治「清和太上天皇期の王権構造」(『古代太上天皇の研究』)思文閣出版 二〇一七年
西山茂「貞観儀式の成立年代について」(『宗教研究』一三一)一九五二年
仁藤敦史「古代国家における都城と行幸―「動く王」から「動かない王」への変質―」(『古代王権と都城』)吉川弘文館 一九九八年

仁藤智子「古代における王権の空間認識—平安京の形成と固関の展開—」
(『平安初期の王権と官僚制』) 吉川弘文館 二〇〇〇年
仁藤智子「応天門の変と『伴大納言絵巻』—記録と記憶の間—」(『国士館史学』一九)
二〇一五年
仁藤智子「平安初期における后位の変質過程をめぐって—王権内の序列化とその可視化—」
(『国士館人文学』六) 二〇一六年
仁藤智子「平安初期における王権の多極構造」(新川登亀男編『日本古代史の方法と意義』)
勉誠出版 二〇一八年
仁藤智子「平安初期の王権—女帝・皇后不在の時代へ—」(仁藤敦史編
『古代文学と隣接諸学3古代王権の史実と虚構』) 竹林舎 二〇一九年
仁藤智子「幼帝の出現と皇位継承」(歴史学研究会編『天皇はいかに受け継がれたか
—天皇の身体と皇位継承』) 績文堂出版 二〇一九年
橋本義則「朝政・朝儀の展開」(『平安宮成立史の研究』) 塙書房 一九九五年
橋本義彦「貴族政権の政治構造」(『平安貴族』) 平凡社 一九八六年
花川真子「清和太上天皇の諸寺巡礼と仏教信仰」(『古代文化』六九—三) 二〇一七年
早川庄八「延暦交替式・貞観交替式・延喜交替式」(『日本古代の文書と典籍』)
吉川弘文館 一九九七年

春名宏昭「太上天皇制の成立」（『史学雑誌』九九—二）一九九〇年
福井俊彦「藤原良房の任太政大臣について」（『史観』七五）一九六七年
福井俊彦『交替式の研究』吉川弘文館 一九七八年
藤田佳希「源経基の出自と「源頼信告文」」（『日本歴史』八〇五）二〇一五年
古瀬奈津子「宮の構造と政務運営法—内裏・朝堂院分離に関する一考察—」（『日本古代王権と儀式』）吉川弘文館 一九九八年
古瀬奈津子「摂関政治と王権—平安中期における王権」（大津透編『王権を考える 前近代日本の天皇と権力』）山川出版社 二〇〇六年
星野恒「世ノ所謂清和源氏ハ陽成源氏ナル考」（『史学叢説』第二集）冨山房 一九〇九年
益田勝実「伴大納言絵詞の詞章」（『日本絵巻物全集4 伴大納言絵詞』）角川書店 一九六一年
松原弘宣「海賊と応天門の変」（『古代国家と瀬戸内海交通』）吉川弘文館 二〇〇四年
目崎徳衛「惟喬・惟仁親王の東宮争い」（『日本歴史』二一二）一九六六年
目崎徳衛『日本歴史全集4 平安王朝』講談社 一九六九年
目崎徳衛「文徳・清和両天皇の御在所をめぐって」（『貴族社会と古典文化』）吉川弘文館 一九九三年

元木泰雄『源満仲・頼光　殺生放逸朝家の守護』　ミネルヴァ書房　二〇〇四年
柳澤和明「『日本三代実録』にみえる五大災害記事の特異性」（『歴史地震』三二）　二〇一七年
山崎雅稔「貞観八年応天門失火事件と新羅賊兵」（『人民の歴史学』一四六）　二〇〇〇年
山本一也「藤原高子―廃后事件の背景と歴史的位置」（吉川真司編『古代の人物4　平安の新京』）　清文堂　二〇一五年
吉江崇「荷前別貢幣の成立」（『日本古代宮廷社会の儀礼と天皇』）　塙書房　二〇一八年
吉江崇「石清水八幡宮寺創祀の周辺」（『日本古代宮廷社会の儀礼と天皇』）　塙書房　二〇一八年
吉岡眞之「幼帝が出現するのはなぜか」（『争点日本の歴史3　古代編Ⅱ』）　新人物往来社　一九九一年
吉川真司「藤原良房・基経―前期摂関政治の成立」（吉川真司編『古代の人物4　平安の新京』）　清文堂　二〇一五年
吉田歓「天皇聴政と大極殿」（『日中宮城の比較研究』）　吉川弘文館　二〇〇二年
吉田孝『大系日本の歴史3　古代国家の歩み』　小学館　一九八八年

著者略歴

一九六三年　千葉県生まれ
一九八六年　早稲田大学第一文学部史学科卒業
一九九二年　國學院大學大学院文学研究科博士課程後期単位取得退学
現在　豊島岡女子学園高等学校教諭

主要著書・論文

『平安宮廷の儀式と天皇』(同成社、二〇一六年)
「摂関政治期の関白と天皇」(『国史学』二二一、二〇一七年)
「摂関期の皇統と王権」(仁藤敦史編『古代文学と隣接諸学3　古代王権の史実と虚構』竹林舎、二〇一九年)

人物叢書　新装版

清和天皇

二〇二〇年(令和二)四月一日　第一版第一刷発行

著　者　神《かみ》谷《や》正《まさ》昌《よし》
編集者　日本歴史学会
代表者　藤田　覚
発行者　吉川道郎
発行所　株式会社　吉川弘文館
東京都文京区本郷七丁目二番八号
郵便番号一一三―〇〇三三
電話〇三―三八一三―九一五一〈代表〉
振替口座〇〇一〇〇―五―二四四
http://www.yoshikawa-k.co.jp/
印刷＝株式会社　平文社
製本＝ナショナル製本協同組合

ISBN978-4-642-05297-9

『人物叢書』（新装版）刊行のことば

人物叢書は、個人が埋没された歴史書が盛行した時代に、「歴史を動かすものは人間である。個人の伝記が明らかにされないで、歴史の叙述は完全であり得ない」という信念のもとに、専門学者に執筆を依頼し、日本歴史学会が編集し、吉川弘文館が刊行した一大伝記集である。

幸いに読書界の支持を得て、百冊刊行の折には菊池寛賞を授けられる栄誉に浴した。

しかし発行以来すでに四半世紀を経過し、長期品切れ本が増加し、読書界の要望にそい得ない状態にもなったので、この際既刊本の体裁を一新して再編成し、定期的に配本できるような方策をとることにした。既刊本は一八四冊であるが、まだ未刊である重要人物の伝記についても鋭意刊行を進める方針であり、その体裁も新形式をとることとした。

こうして刊行当初の精神に思いを致し、人物叢書を蘇らせようとするのが、今回の企図である。大方のご支援を得ることができれば幸せである。

昭和六十年五月

日本歴史学会

代表者 坂本太郎